essentials

essentials liefern aktuelles Wissen in konzentrierter Form. Die Essenz dessen, worauf es als „State-of-the-Art" in der gegenwärtigen Fachdiskussion oder in der Praxis ankommt. *essentials* informieren schnell, unkompliziert und verständlich

- als Einführung in ein aktuelles Thema aus Ihrem Fachgebiet
- als Einstieg in ein für Sie noch unbekanntes Themenfeld
- als Einblick, um zum Thema mitreden zu können

Die Bücher in elektronischer und gedruckter Form bringen das Expertenwissen von Springer-Fachautoren kompakt zur Darstellung. Sie sind besonders für die Nutzung als eBook auf Tablet-PCs, eBook-Readern und Smartphones geeignet. *essentials:* Wissensbausteine aus den Wirtschafts-, Sozial- und Geisteswissenschaften, aus Technik und Naturwissenschaften sowie aus Medizin, Psychologie und Gesundheitsberufen. Von renommierten Autoren aller Springer-Verlagsmarken.

Weitere Bände in der Reihe http://www.springer.com/series/13088

Reinhard Ematinger · Sandra Schulze

Spielend Ziele setzen und erreichen

Objectives and Key Results mit
LEGO® SERIOUS PLAY®

Reinhard Ematinger
Heidelberg, Deutschland

Sandra Schulze
Heidelberg, Deutschland

ISSN 2197-6708　　　　　　ISSN 2197-6716　(electronic)
essentials
ISBN 978-3-658-29304-8　　　ISBN 978-3-658-29305-5　(eBook)
https://doi.org/10.1007/978-3-658-29305-5

Die Deutsche Nationalbibliothek verzeichnet diese Publikation in der Deutschen Nationalbibliografie; detaillierte bibliografische Daten sind im Internet über http://dnb.d-nb.de abrufbar.

Planung/Lektorat: Ann-Kristin Wiegmann
Springer Gabler ist ein Imprint der eingetragenen Gesellschaft Springer Fachmedien Wiesbaden GmbH und ist ein Teil von Springer Nature.
Die Anschrift der Gesellschaft ist: Abraham-Lincoln-Str. 46, 65189 Wiesbaden, Germany

Was Sie in diesem *essential* finden können

- Einen in Unternehmen unterschiedlicher Größen und Branchen bewährten Prozess zum Definieren von Zielen und Messen von Ergebnissen.
- Den Vorschlag einer intelligenten Verbindung von Objectives and Key Results mit der aktivierenden Methode von LEGO® SERIOUS PLAY®.
- Durchgängige Beispiele von vier Unternehmen, die sowohl den Ansatz als auch das praktische Vorgehen noch nachvollziehbarer machen.

Inhaltsverzeichnis

1   **Weshalb lohnt sich dieses Buch?** 1

2   **Wozu Objectives and Key Results?** 3
    2.1   Herkunft und Hintergrund 3
    2.2   OKR und die Nachbarschaft 10
    2.3   Fälle und Anwendungen 18
    2.4   Was Sie davon mitnehmen 22

3   **Warum LEGO® SERIOUS PLAY®?** 25
    3.1   Hintergrund und Bausteine 25
    3.2   Ihre ersten Schritte in 3D 33
    3.3   Fälle und Anwendungen 39
    3.4   Was Sie davon mitnehmen 45

4   **Zieldefinition in 3D** 49
    4.1   Probleme und Lösungen 49
    4.2   So wird Ihr Start gelingen 51
    4.3   Fälle und Anwendungen 53
    4.4   Was Sie davon mitnehmen 58

5   **Retrospektive in 3D** 61
    5.1   Probleme und Lösungen 61
    5.2   So wird Ihr Start gelingen 63
    5.3   Fälle und Anwendungen 64
    5.4   Was Sie davon mitnehmen 68

6   **Anstelle einer Zusammenfassung** 71

Literatur 75

Über die Autoren

Dr. Reinhard Ematinger OKR Master und Certified LEGO® SERIOUS PLAY® Facilitator, Heidelberg, hello@ematinger.com, www.ematinger.com.

Sandra Schulze Diplom-Designerin, Graphic Recorder und Illustratorin, Heidelberg, info@sandraschulze.com, www.sandraschulze.com.

Weshalb lohnt sich dieses Buch?

1

Sie wollen Ihre Prioritäten konsequent umsetzen, Ihre Ziele für sich und andere im wahrsten Sinn des Wortes greifbar für überblickbare Zeiträume vereinbaren und für alle Beteiligten transparent festhalten, wie Sie diese erreichen?

Sie wollen das große Ganze verständlicher machen, die Ziele Ihrer Organisation jederzeit transparent gestalten, Entscheidungen nachvollziehbarer treffen und Schlüsselpersonen stärker als bisher in den Prozess der Zieldefinition einbinden?

Sie wollen den eigenen Beitrag und den der anderen endlich sichtbarer machen, gehört werden und allen eine Stimme geben und den Blickwinkel auf Ihre Organisation und Ihre Fans, Kunden, Partner und Wettbewerber deutlich erweitern?

Willkommen! Die Idee von Objectives and Key Results sorgt dafür, dass ein Fokus auf die Themen und Aktivitäten gelegt wird, die in Form von Zielen und Ergebnissen vereinbart wurden, und das Konzept von LEGO® SERIOUS PLAY® schafft ein gemeinsames Verständnis und fördert die Bereitschaft aller Beteiligten für die Umsetzung der Ziele.

Objectives and Key Results funktionieren in jedem Unternehmen, so wie ein Schweizer Messer in jedem Umfeld funktioniert, meint John Doerr in seinem Buch „Measure What Matters" (Doerr 2018). Es geht weder ihm noch den Autoren dieses *essentials* um die reine Lehre, sondern darum, die Essenz der Idee aufzunehmen, zu adaptieren, weiterzuentwickeln.

Das Buch ist kein vollständiges Werk zur Geschichte, Gegenwart und Zukunft von Objectives and Key Results. Die Autoren haben nicht den Anspruch, die Implementierung von und die tägliche Arbeit mit OKR in einer detaillierten Anleitung darzustellen. Sie haben den Anspruch, sich gemeinsam mit Ihnen einer sinnvollen Verbindung von Objectives and Key Results und LEGO® SERIOUS PLAY® zu nähern.

© Springer Fachmedien Wiesbaden GmbH, ein Teil von Springer Nature 2020
R. Ematinger und S. Schulze, *Spielend Ziele setzen und erreichen,* essentials,
https://doi.org/10.1007/978-3-658-29305-5_1

Drei Punkte sind den Autoren wichtig:

- Die Inhalte des Buches beziehen sich in gleichem Maße auf Frauen und Männer. Aus Gründen der besseren Lesbarkeit wählen die Autoren die männliche Form für alle Personenbezeichnungen. Die weibliche Form wird dabei stets mitgedacht.
- LEGO® ist eine Marke der LEGO Gruppe. Die Minifigur, DUPLO und LEGO® SERIOUS PLAY® sind geschützte Markenzeichen der LEGO Gruppe. Die Autoren werden von der LEGO Gruppe weder gesponsert noch unterstützt.
- Die anschaulichen Icons der den OKR-Zyklus darstellenden Abb. 2.3 hat das Kreativteam der Freepik Company S.L. gestaltet. Die Autoren haben die Erlaubnis, sie im Rahmen der *Flaticon Basic License* zu verwenden.

Wozu Objectives and Key Results? 2

Mit diesem Abschnitt laden die Autoren Sie ein, die Geschichte und Gegenwart von Objectives and Key Results kennenzulernen. Sie werden Gemeinsames mit benachbarten Konzepten entdecken und können die Anwendung anhand von vier Unternehmen nachvollziehen.

2.1 Herkunft und Hintergrund

Peter Drucker ist mit seinem in den 1950ern vorgestellten Konzept von *Management by Objectives* zweifellos einer der Großväter der Idee von Objectives and Key Results. Der Pionier der modernen Management-Lehre beschrieb einen Prozess, in dem Mitarbeiter und Manager Ziele definieren und im nächsten Schritt vereinbaren, was zu tun ist, um diese zu erreichen. Damit schuf er die Grundlage eines Schwenks vom im Industriezeitalter üblichen Management durch Kontrolle hin zu auf Vertrauen basierenden Vereinbarungen – und damit vermutlich die erste Management-Philosophie des gerade anbrechenden Informationszeitalters.

George Doran baute mit einem 1981 erschienenen Arbeit „There is a S.M.A.R.T. Way to write Management's Goals and Objectives" auf der Arbeit von Edwin Locke auf (Doran 1981). Der Psychologe Locke führte Ende der 1960er in einer wissenschaftlichen Abhandlung aus, wie das Setzen schlauer Ziele Ergebnisse und Performance von Unternehmen steigert (Locke 1968). Die von George Doran für eine brauchbare Zielformulierung entwickelte Definition S.M.A.R.T. steht übersetzt für spezifisch, messbar, attraktiv, realistisch und terminiert. Bausteine daraus, hauptsächlich das Fokussieren auf Ergebnisse und das Terminieren von Ergebnissen, finden wir im Konzept von Objectives and Key Results wieder.

© Springer Fachmedien Wiesbaden GmbH, ein Teil von Springer Nature 2020
R. Ematinger und S. Schulze, *Spielend Ziele setzen und erreichen*, essentials,
https://doi.org/10.1007/978-3-658-29305-5_2

Den Begriff „Objectives and Key Results" prägte der spätere Intel-CEO Andy Grove, der die Idee von *Management by Objectives* aufgriff und daraus Mitte der 1970er eine Herangehensweise entwickelte, die dafür sorgt, dass das Unternehmen Intel fokussiert an seinen Zielen arbeitete, korrespondierende Ergebnisse definierte und regelmäßig nachhielt. Intel durchlief damals einen Wandel vom Hersteller von Speicherchips zum Anbieter von Mikroprozessoren und das Management wollte sicherstellen, dass sich die Mitarbeiter auf Ziele fokussieren, die diesen Wandel möglich machen. Andy Grove beschrieb die Idee von Objectives and Key Results später im Buch „High Output Management" und stellte darin zwei wesentliche, in Abb. 2.1 beantwortete Fragen: „Wohin wollen wir?" und „Woher wissen wir, dass wir angekommen sind?". Diese beiden auf den ersten Blick schlichten Fragen stellen die Essenz von Objectives and Key Results dar: Ziele und Ergebnisse (Grove 1983).

John Doerr begann 1974 bei Intel, wo er Objectives and Key Results kennenlernte und als hilfreich für seine Arbeit und die Konzentration auf transparent kommunizierte Ziele empfand. Im Rahmen seiner späteren Tätigkeit als Investor für Kleiner Perkins stellte er das Modell 1999 den Google-Gründern Larry Page und Sergey Brin und dem Management-Team vor, wo es bis heute ein fester Bestandteil ist.

Abb. 2.1 Die Essenz von Objectives and Key Results

2013 berichtete Rick Klau, damals als Partner bei Google Ventures beschäftigt, im Rahmen eines Startup-Lab-Workshops, wie das Modell von Objectives and Key Results bei Google eingesetzt wird, und sorgte damit erstmals für Aufmerksamkeit außerhalb des Silicon Valley (Klau 2013).

Unternehmen unterschiedlicher Größen und Branchen – unter anderem Amazon, Eventbrite, Gap, General Electric, GoPro, LinkedIn, Microsoft, Netflix und Twitter in den USA sowie BMW, Deutsche Telekom, edeka, Flixbus, Metro, mymuesli, N26, Red Bull, SAP, Spotify, Telefonica und Zalando in Europa und Baidu, Blibli, Chumbak, Gojek, Midtrans, LG, Panasonic und Samsung in Asien – definieren ihre Ziele mit Objectives and Key Results definieren und messen ihre Ergebnisse damit.

Die Idee hinter Objectives and Key Results ist, Personen oder Teams dabei zu unterstützen, sich erstens auf wenige Ziele zu fokussieren und zweitens zu definieren, wie das Erreichen diese Ziele innerhalb eines überschaubaren Zeitraums gemessen werden soll. Objectives, die Ziele, sind qualitativ und beschreiben das „Was" (was soll erreicht werden) und Key Results, die Ergebnisse, sind quantitativ und messen das „Wie" (wie stellen wir fest, dass die Ziele erreicht wurden).

▶ John Doerr hat das in eine einfache Formel gepackt: **Wir wollen \<Objective\> erreichen und das messen wir mit \<Key Result 1\> und \<Key Result 2\> und \<Key Result 3\>** (Groove 1983).

Die Objectives werden mit einem einfachen Satz beschrieben. Sie definieren einen konkreten Zielzustand, der am Ende des Betrachtungszeitraumes erreicht werden soll:

- Objectives sind qualitativ: Zahlen haben hier keinen Platz, da mit dem Objective das Ziel definiert wird, das am Ende des definierten Zeitraums erreicht werden soll. Vage Begriffe wie „steigern", „verbessern", „aktivieren", „verringern" oder „optimieren" sind hier nicht hilfreich, weil zum einen das Erreichen nicht gemessen werden kann, zum anderen bereits kleinste Schritte in die richtige Richtung als Zielerreichung missverstanden werden könnten.
- Objectives sind inspirierend: Ähnlich wie die Unternehmensvision oder das Leitbild soll das Objective einen durchaus ambitionierten (aber erreichbaren) Zustand in der Zukunft beschreiben. Das Ergebnis steht im Mittelpunkt, nicht der Weg dorthin, und soll die Beteiligten motivieren, morgens mit Schwung aus dem Bett zu springen. Nur Mut – die OKR sind unternehmensintern und dürfen durchaus in einer im Team üblichen Sprache beschrieben werden.

- Objectives sind terminiert: Die Ziele werden für einen überschaubaren Zeitraum festgemacht – drei Monate haben sich als praktikabler Horizont erwiesen und entsprechen dem Denken in Quartalen. Vermutlich überschreiten die meisten Projekte den üblichen Zeitraum von einem Quartal und eine Unterteilung in Meilensteine ist sinnvoll, da sperrige Themen so beinahe automatisch in Happen aufgeteilt werden und dadurch Transparenz über das Vorankommen herrscht.
- Objectives sind abgeleitet: „Oberhalb" der Festlegung von Zielen und Messung der Ergebnisse für einen vergleichsweise kurzen Zeitraum von drei Monaten muss es eine verständlich kommunizierte Richtung der Organisation geben. Sie beantwortet die Frage nach dem Zweck der Organisation. Unternehmensvision und -mission einerseits und Unternehmensstrategie andererseits sind die Nordlichter, an denen die Objectives ausgerichtet werden.
- Objectives sind ausführbar: Sowohl für schnell wachsende Startups als auch für etablierte Unternehmen ist es wichtig, dass die Objectives eines Teams auch tatsächlich den Beitrag dieses Teams umfassen, den es eigenständig und ohne Abhängigkeiten von anderen Teilen der Organisation im vereinbarten Zeitraum erreichen kann. Das sorgt für Konzentration auf die eigenen Ziele und die Unternehmensziele bleiben trotzdem in Sichtweite.

Gelungene Objectives sind beispielsweise:

- Version 3.1 des neuen Produkts an den Start bringen
- Die Nutzung von Coupons am Smartphone revolutionieren
- Nutzung der internen IT wird positiv wahrgenommen
- Erfolgreicher Start des neuen monatlichen Newsletters
- Bestellprozess für Kartonagen auf 5 Klicks reduzieren
- Entwicklung einer außergewöhnlichen Unternehmenskultur
- Budget für das nächste Geschäftsjahr pünktlich festlegen
- Etablierung des besten Kundensupports der Branche
- Unseren Vertrieb zum Top-Team der Industrie entwickeln
- Marke wird als Nummer 1 der Energydrinks wahrgenommen

Die Key Results quantifizieren die vorher festgelegten Objectives und machen sie messbar. Sie beschreiben, wie die jeweiligen Objectives erreicht werden sollen:

- Key Results sind wegweisend: Die Frage „Wie wissen wir, dass wir die vereinbarten Ziele auch erreicht haben?" soll damit beantwortet werden, und somit das Erreichen einer Wegstrecke verständlich und für alle nachvollziehbar dokumentiert. Gut formulierte Key Results sorgen nicht nur dafür, gute Ergeb-nisse „hinterher" zu belegen, sondern auch dafür, neue Ansätze und Werkzeuge zu nutzen, um bisher vielleicht für unmöglich gehaltene Ziele zu erreichen.

- Key Results sind messbar: Sowohl die Erwartungen „vorher" als auch die Ergebnisse „nachher" sollen für alle Beteiligten transparent und zu jedem Zeitpunkt verständlich festgemacht und kommuniziert sein. Key Results sind keine Ausbeute subjektiver Meinungen, sondern erlauben im Rahmen der regelmäßigen Reviews eindeutige Entscheidungen darüber, zu welchem Pro-zentsatz sie jeweils erreicht wurden.
- Key Results sind machbar: Die vereinbarten Ziele sollen durchaus ambitio-niert, aber nicht so gut wie unmöglich zu erreichen. Wir sprechen von einem *Confidence Level,* der die Zuversicht ausdrückt, dass das Ziel im vereinbarten Zeitraum zu erreichen ist – 5 von 10 sind ein guter Start. 1 von 10 bedeutet, dass es ein Wunder braucht, um das Ziel zu erreichen, und 10 von 10 heißt oft, ein wenig zu sicher zu sein, dass es ein Spaziergang zur Ziellinie wird.
- Key Results sind ergebnisorientiert: Keine noch so aufwendigen Aktivitäten und Aufgaben, sondern Ergebnisse sollen mit den Key Results beschrieben werden – die Bezeichnung gibt bereits einen unmissverständlichen Hinweis. Begriffe wie, „beraten", „teilnehmen" oder „analysieren" beschreiben Aktivi-täten und helfen nicht unbedingt dabei, ein objektiv messbares Ergebnis mit einer dafür passenden Metrik zu vereinbaren und zu validieren.
- Key Results sind unabhängig: Jedes der Key Results, die am Objective ‚hän-gen' und darauf einzahlen, soll und kann unabhängig von den anderen erreicht werden. Die in der Projektplanung üblichen Abhängigkeiten, Meilensteine oder zeitlichen Abfolgen führen zu keinen brauchbaren Key Results. Das Erreichen, Verfehlen oder Übertreffen eines Key Results darf sich keinesfalls auf die Erfüllung und Bewertung der anderen Key Results auswirken.

Gelungene Key Results sind beispielsweise:

- 10 Referenzkunden in ROI-Studien interviewen und darstellen
- 70 % der Retouren ohne menschliche Interaktion erledigen
- Finalisieren der Beta-Version und diese 100 Kunden zeigen
- 20 Kunden werden monatlich in einem Telefon-Interview befragt
- Kostenfreie Fitnessstudio-Mitgliedschaft für alle Mitarbeiter
- Die 10 häufigsten Fragen werden durch die FAQ-Seite beantwortet
- 5000 Personen abonnieren unseren Blog
- Pro Quartal werden 2 Newsletter publiziert

- 1000 Interessenten für das Smartphone-Girokonto eingetragen
- Durchführen eines Trainingsprogrammes für neue Vertriebler

Unterschiedliche Denkschulen haben sich, bei vielen kontroversen Diskussionen zu Details, auf einen brauchbaren Wert geeinigt: Pro Objective sollten etwa drei Key Results definiert werden. Für jedes Key Result wird festgelegt, welches Ergebnis erreicht werden soll und wie die Erreichung des jeweiligen Zieles gemessen werden soll: Das kann eine absolute Zahl sein, eine Veränderung eines Wertes oder ein prozentualer Anteil sein.

Der Rahmen für die Arbeit mit OKR ist ein dreimonatiger Zyklus, dessen Aufgaben zum Start und Ende sowie im Laufe des Quartals im Wesentlichen die gleichen sind. In der chronologischen Reihenfolge sind das

- Planung: Hier werden die Objectives und korrespondierenden Key Results für den gesamten dreimonatigen Zyklus definiert, abgeleitet von der Unternehmensvision und -mission „von oben" und dem Tagesgeschäft „von unten".
- wöchentliche Meetings: Hier wird der aktuelle Stand der Objectives and Key Results besprochen, Ergebnisse und Fortschritte seit dem letzten Meeting werden transparent gemacht und nächste Schritte werden entschieden.
- Review: Hier werden sowohl Ziele als auch die Zielerreichung anhand der in der Planung definierten Metriken und Erwartungswerte am Ende des Zyklus' evaluiert und eine Grundlage für die Planung des nächsten Zyklus' geschaffen.
- Retrospektive: Hier wird der OKR-Prozess aus systemischer Sicht betrachtet, damit unabhängig von den harten Fakten des Reviews ein Raum für Austausch im Team und für die kontinuierliche Verbesserung des Zyklus' geschaffen.

Abb. 2.2 zeigt diesen Zyklus auf einen Blick.

Übergeordnetes Ziel des Rahmens ist es, die Ziele und erwarteten Ergebnisse so abzustimmen, dass für den Zeitraum des dreimonatigen Zyklus' ein gemeinsames Verständnis der Richtung geschaffen wird, alle Aktivitäten darauf „einzahlen" und Klarheit über die dafür notwendigen Ressourcen herrscht.

Weder das Vorgehen noch der organisatorische Rahmen können von den immer wieder bemühten Pionieren Google, Twitter und Zalando erfolgreich kopiert werden, eine Anpassung an Kultur, Vorgeschichte und Tempo der eigenen Organisation ist selbstverständlich notwendig. Rollen, Verantwortlichkeiten und Entscheidungswege sind in Organisationen unterschiedlicher Branchen, Größen und Alters durchwegs verschieden, und Umdenken und Umstellung fallen unterschiedlich leicht.

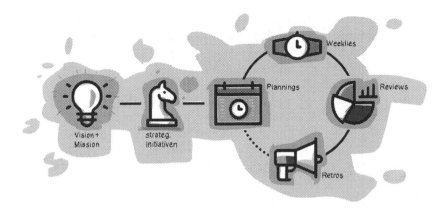

Abb. 2.2 OKR-Zyklus

Der OKR Master unterstützt die Organisation bei der Einführung und Anwendung und ist Ansprechpartner für Fragen rund um die Methode und den Prozess. Diese Person ist die zentrale Anlaufstelle im Unternehmen, wenn es um die Planung und Organisation geht, unterstützt die Beteiligten mit methodischem Wissen und moderiert die Planung, Reviews und Retrospektiven.

Zugleich Change Agent, Moderator, Coach und fachlicher Experte, ist der OKR Master im Falle einer unternehmensweiten Implementierung von Objectives and Key Results Ansprechpartner sowohl für das Management als auch die Mitarbeiter der Organisation. Idealerweise ist der OKR Master disziplinarisch unabhängig von den Teams, die er oder sie unterstützt, und nicht Teil der obersten Führungsebene des Unternehmens.

Da die Verantwortung unter anderen darin liegt, alle Beteiligten in den Prozess einzubeziehen, ihren Erwartungen und Sorgen zu begegnen und etwaige Missverständnisse auszuräumen, ist neben hohen Anforderungen an gute Kommunikation und echte Empathie auch das Talent, den – besonders anfangs möglicherweise als komplex wahrgenommenen – Prozess verständlich zu erklären, notwendig.

Die zentralen Prinzipien der Arbeit mit OKR und die zu erwartenden Vorteile lassen sich in drei konkreten Themenfeldern beschreiben. Diese sind

- Fokus und Prioritäten: Nach der Definition der Ziele und erwarteten Ergebnisse liegt die Aufmerksamkeit der Beteiligten darauf, diese zu erreichen. Die überschaubare Anzahl von Objectives und der korrespondierenden Key

Results sorgt zudem für Konzentration auf die wesentlichen Themen. Werden OKR im Unternehmen – wie bei Google – für strategische Projekte und Initiativen genutzt, sorgt das für Fokussierung auf das Wichtigste. Themen, die im Rahmen der Planung nicht ausgewählt wurden, sind nicht Teil der Aktivitäten des laufenden Zyklus'.

• Transparenz und Klarheit: Idealerweise sind die OKR aller Beteiligten im Unternehmen öffentlich verfügbar. Die Prioritäten der Teams und Personen sind sichtbar, und Objectives und Key Results, die wenig mit der Unternehmensvision und -mission zu tun haben, können einfach identifiziert und eventuell korrigiert werden. Das „Einzahlen" der eigenen Tätigkeit auf die vereinbarten Ziele und auf das große Ganze wird klar, und substanzielle Gedanken zum eigenen Beitrag wirken positiv auf die Motivation.

• Entscheidungen und Abstimmung: Die Arbeit mit OKR macht unmissverständlich klar, was im laufenden Zyklus zu erreichen ist. Projekte und Opportunitäten, die plötzlich auftauchen und die vereinbarten Ziele nicht unterstützen, können mit dem Hinweis auf Ziele und Ergebnisse besser begründet abgelehnt werden. Die Abstimmungen der Personen und Teams in der Planungsphase sorgen, verbunden mit der Verteilung von Ressourcen auf die Themen, für einen effizienten Einsatz der verfügbaren Personen und Mittel.

Die primären Ziele sind nicht unbedingt schnelles Wachstum und Prozessverbesserung um jeden Preis. Der Rahmen und das Vorgehen können gerade in etablierten Organisationen als eine Art Katalysator für echte Innovation, nachhaltige Entwicklung von Mitarbeitern und Teams und gelingenden Kulturwandel dienen. OKR verbinden die Unternehmensvision und -mission mit greifbaren Zielen und Resultaten, schaffen Klarheit auf allen Ebenen über Strategie und Richtung und den eigenen Beitrag dazu.

2.2   OKR und die Nachbarschaft

Was macht das Denken in und Arbeiten mit Objectives and Key Results so besonders, welche verwandte oder konkurrierende Formate finden wir, und welche Gemeinsamkeiten bestehen da? Wir beschreiben fünf benachbarte Ansätze, die wir im Zusammenhang mit OKR essentiell für das Verstehen des Gemeinsamen und des Trennenden halten und die wichtig für das Formulieren inspirierender Objectives und nachvollziehbarer Key Results sind.

OKR und Management-Systeme

Management-Systeme mit Schwerpunkt auf die Implementierung von Strategien und die Erreichung von Zielen in Organisationen decken in der Regel folgende Schritte ab:

- Definition der Unternehmensvision und -mission
- Festlegung von Strategie und Geschäftsmodell
- Übersetzung der Strategie in eine konkrete Planung
- Ausführung der Pläne und Ziele im Tagesgeschäft
- Planung und Durchführung von Projekten und Initiativen
- Festlegung von Richtlinien, Rahmen und Standards
- Messung und Beurteilung der Leistung

Objectives and Key Results sind auf die operativen Schritte dieser Liste fokussiert. Sie unterstützen enorm einerseits bei der Übersetzung der Unternehmensstrategie in konkrete und nachvollziehbare Schritte, andererseits bei der Ausführung und der Messung der erzielten Leistung. Das Herunterbrechen der Objectives des gesamten Unternehmens auf Objectives der Teams und der einzelnen Mitarbeiter sorgt für mehr Transparenz und verstärkte Konzentration auf das Erreichen der kurzfristigen Ziele. Die zuvor festgelegten und eindeutig quantifizierbaren Key Results stellen eine deutliche Weiterentwicklung gegenüber dem klassischen Management von Zielen – ohne die korrespondierenden Ergebnisse zu vereinbaren – dar.

Für die Abbildung und Steuerung des in der obigen Liste erwähnten Tagesgeschäfts braucht es allerdings zum einen ein gutes Verständnis der aktuellen operativen Themen sowie die Einschätzung des tatsächlichen Aufwands damit, zum anderen die klare Verständigung darauf, den in der Realität hohen Anteil des Tagesgeschäftes gegenüber Projekten und Initiativen beim Vereinbaren und Messen der Key Objectives zu berücksichtigen.

Die Beurteilung der Arbeit der Mitarbeiter und Teams geschieht in Rahmen der Objectives and Key Results durch die Bewertung der Ergebnisse am Quartalsende. Rückmeldungen über die Arbeit im vergangenen Quartal werden so anhand der prozentualen Zielerreichung einfach möglich, sollten aber keinesfalls mit Bonussystemen verknüpft werden. Die Formulierung „machbarer" Ziele zu Quartalsbeginn würde darunter leiden, da die Key Objectives dann deutlich weniger ambitioniert festgelegt werden, um die Ziellinie sicher zu treffen und einen Bonus dafür oder für die Übererfüllung der Ziele zu erhalten. Damit ginge die Motivation, sich realistische und doch ambitionierte Ziele zu setzen, völlig verloren.

OKR und *Management by Objectives*
Auch wenn Andy Grove seine Idee von Objectives and Key Results, wie im Kap. 2 beschrieben, aus dem *Management-by-Objectives*-Ansatz ableitete, bestehen Jahrzehnte danach gerade in der praktischen Umsetzung drei deutliche Unterschiede:

- *Management by Objectives* fokussieren auf die Definition, was im Unternehmen erreicht werden soll. Daraus abgeleitete Ergebnisse pro Objective, ähnlich der Key Results, kommen dabei nicht vor. So wird das „Was" (wollen wir erreichen) beschreiben, aber nicht das „Wie" (kommen wir zum Ziel).
- Die Vereinbarung der *Management by Objectives* zwischen Management und Mitarbeiter ist in der Regel vertraulich. OKR der Teams und Mitarbeiter hingegen werden meist innerhalb der Organisation veröffentlicht und sollen für alle Beteiligten jederzeit nachvollziehbar sein.
- Die Vereinbarung und Kontrolle von Zielen im Rahmen der *Management by Objectives* geschehen jährlich. Ziele werden von „von oben nach unten" festgelegt und meist mit einer Leistungsbeurteilung der Mitarbeiter und deren variablen Gehaltsbestandteilen verbunden.

Es liegt in der Natur der MBO, dass Ziele so wenig riskant wie nur möglich vereinbart werden, während die im Rahmen des OKR-Zyklus' vereinbarten Ziele und Ergebnisse mit OKR durchaus ambitioniert sein dürfen und sollen. Wenn das „Wie" in der Organisation transparent gemacht wurde, ist die Möglichkeit eines nur teilweisen Erreichens der vereinbarten Key Results „eingebaut" und darf nicht sanktioniert werden.

Management by Objectives werden in vielen Unternehmen unterschiedlicher Größen und Branchen nach wie vor praktiziert, aber die Uhr tickt: Sogar Peter Drucker, der Großvater der *Management by Objectives,* wird mit der forschen Aussage zitiert, dass MBO nicht die perfekte Medizin gegen ineffizientes Management darstellen.

OKR und *Key Performance Indicators*
Sinn der *Key Performance Indicators* ist es, den Fortschritt oder die Erfüllung wesentlicher Ziele einer Organisation zu messen und zu dokumentieren. Man argumentiert zu Recht, dass sie bei der Überprüfung des Erfolgs wichtiger Aktivitäten im Unternehmen helfen.

So wichtig das Messen von Indikatoren für effektive Prozesse und Maßnahmen auch ist, so wichtig ist das Herauspicken der wirklich wesentlichen

Messgrößen, um den Überblick zu behalten – der Begriff „Key" in *Key Performance Indicators* ist ein Zeichen!

Key Performance Indicators und OKR konkurrieren nicht miteinander, sondern ergänzen einander perfekt:

- Die *Key Performance Indicators* messen Ergebnisse in unmissverständlichen Zahlen. Beispielsweise kann „Anzahl der Besucher der monatlichen Abendveranstaltungen" für einen Anbieter von Coworking-Flächen ein wichtiges KPI sein, wenn es darum geht, die Wahrnehmung der Zielgruppe in einer bestimmten Stadt zu steigern.
- Die Key Results beschreiben, wie die korrespondierenden Ziele erreicht werden sollen und signalisieren uns, ob wir bereits am Ziel angekommen sind oder wir uns zumindest in der richtigen Richtung auf der Reise dorthin bewegen. Der Anbieter von Coworking-Flächen könnte „Die Zielgruppe in Heidelberg nimmt uns als relevantes Angebot wahr" als Objective formuliert haben, und das korrespondierende Key Result könnte „Steigern der Anzahl der Besucher um jeweils 20 % von Event zu Event" lauten.

Dieses und viele andere reale Beispiele legen nahe, dass die *Key Performance Indicators* nicht im Wettbewerb mit den Key Results stehen, sondern darin enthalten sind: „Anzahl der Besucher" ist eindeutig Teil von „Steigern der Anzahl der Besucher um jeweils 20 % von Event zu Event".

Beide haben ihren jeweiligen Platz in gut funktionierenden Organisationen. Der Fokus sollte allerdings auf diejenigen Messgrößen, die tatsächlich zum Erfolg von Mitarbeitern, Teams und Projekten beitragen, gelegt werden.

OKR und *Lean Management*

Idee und Methoden des *Lean Management* sind nicht unbedingt neu. Der Ursprung wird auf den Schiffsbau in Venedig in der Mitte des 15. Jahrhunderts datiert, und Henry Ford adaptierte die Idee von schlanker Produktion um 1910 in Michigan. Die Japaner Kiichiro Toyoda und Taiichi Ohno revolutionierten mit dem *Toyota Production System* die Produktion ab den 1950ern.

Auch wenn der ‚Kern' des Konzeptes aus der Produktion physischer Produkte stammt, hat *Lean Management* dazu beigetragen, viele Organisationen unterschiedlicher Größe und Branchen schlanker und schneller zu machen. Dienstleister, Non-Profit-Organisationen und Behörden profitieren von diesem Ansatz ebenso wie Startups, die das Konzept von *Lean Startup* und *Agile Development* mit kurzen Entwicklungszyklen und schnellem Lernen aus den Wünschen der Kunden und den Bedürfnissen des Marktes anwenden.

Tatsächlich kann der Ansatz von *Lean Management* dabei helfen, Objectives and Key Results zu definieren. Auf den ersten Blick fällt jedoch der Unterschied ins Auge: Was *Lean Management* ausmacht, ist der klare Fokus auf Effizienz. Richtig durchdacht und angewendet, „fließen" Aufträge und Abläufe im Unternehmen optimal in einem kontinuierlichen Strom, unnötige Schnittstellen werden eliminiert und Verschwendung wird vermieden.

Große Sprünge mit ambitionierten Zielen, die wir mithilfe der Objectives and Key Results planen und erreichen wollen, sind dabei nicht vorgesehen. *Lean Management* kann aber durchaus dabei helfen, gute Ziele zu formulieren. Die von James Womack und Daniel Jones bereits 1996 beschriebenen Lean-Prinzipien können gut für die Arbeit mit Objectives and Key Results „übersetzt" werden (Womack und Jones 2000). Die fünf Prinzipien lauten:

- Lean-Prinzip 1: Definieren wir den Wert aus Sicht unserer Kunden am Ende der Wertschöpfungskette. Das bedeutet, dass die internen oder externen Kunden entscheiden, wie konkreter Wert entsteht und wie schlank und effizient ein Prozess gestaltet ist. Diese beurteilen, ob wir das richtige Produkt oder Service zur richtigen Zeit und in der richtigen Qualität liefern.
- Lean-Prinzip 2: Identifizieren wir den Wertstrom. Wollen wir Prozesse tatsächlich verbessern, müssen alle Aktivitäten und Beteiligten vom Start bis zum Ende betrachtet werden. Auch hier beurteilen letztlich unsere Kunden, wo Wertschöpfung entsteht. Alle Teile der Organisation werden auf den Prüfstand gestellt, um zu sehen, wo Ressourcen verschwendet werden.
- Lean-Prinzip 3: Sorgen wir für einen kontinuierlichen Fluss. Durch bewusstes Weglassen von nicht wertschöpfenden Aktivitäten und das Vermeiden von Verschwendung entsteht ein Fluss ohne große Unterbrechungen und Wartezeiten. Ziel ist es, die einzelnen Schritte des Prozesses in einer sinnvollen Abfolge zu gestalten und Schnittstellen zu reduzieren.
- Lean-Prinzip 4: Lassen wir unsere Kunden abrufen, was sie wann benötigen. Anstatt Prozessschritte ohne Rücksicht auf die Nachfrage und verfügbare Kapazitäten „durch die Organisation zu schieben" (Push), wird der gesamte Prozess vom Kunden „flussaufwärts gezogen" (Pull). Das Resultat ist, dass wir nur produzieren, was unsere Kunden nachfragen.
- Lean-Prinzip 5: Streben wir nach Perfektion. Das ist zweifellos die Essenz und der Nordstern des *Lean Management,* egal ob in der Produktion, der Projektleitung oder der Verwaltung. Diese Suche nach Perfektion – ob wir sie Kaizen oder Kontinuierlichen Verbesserungsprozess nennen – erfolgt systematisch, geschieht Schritt für Schritt und ist vermutlich nie zu Ende.

Lassen Sie uns den Versuch machen, die fünf Lean-Prinzipien kurz und knackig in fünf OKR-Prinzipien zu „übersetzen". Sie liefern eine perfekte Grundlage, um motivierende Objectives und nachvollziehbare Key Results festzumachen:

- OKR-Prinzip 1: Definieren wir Objectives als Antwort auf die Frage, was tatsächlichen Wert für unsere Kunden und für unsere Organisation erzeugt. Die Objectives müssen eine für alle Beteiligen jederzeit nachvollziehbare Verbindung zur Mission unserer Organisation haben.
- OKR-Prinzip 2: Prüfen und überarbeiten wir alle Formulierungen für Key Results, die keinen Wert für Kunden bedeuten. Schaffen wir eindeutige ‚Nachweise' für das Erreichen der vereinbarten Ziele. Diese ‚Nachweise' müssen für alle Beteiligten jederzeit verfügbar und überprüfbar sein.
- OKR-Prinzip 3: Sorgen wir dafür, dass die festgelegten Objectives in einen Fluss messbarer Meilensteine übersetzt werden. Diese Meilensteine müssen eindeutig auf die vereinbarten Ziele einzahlen. Prüfen wir Meilensteine, die wenig oder nichts zu den jeweiligen Zielen beitragen.
- OKR-Prinzip 4: Gestalten wir die Kommunikation nach dem Pull-Prinzip und ‚ziehen' die Objectives und korrespondierenden Key Results durch die Organisation. Die Vereinbarungen starten auf der Unternehmensebene und setzen sich über die Teamebene zu den einzelnen Mitarbeitern fort.
- OKR-Prinzip 5: Streben wir nach Fokus. Die Implementierung von Objectives and Key Results wird im ersten Zyklus kaum perfekt laufen, in der Regel dauert es zwei bis drei Runden, bis sich der Planungsaufwand deutlich reduziert. Ziel ist das Fokussieren auf die wirklich wichtigen Themen.

Die Umsetzung der Unternehmensvision und -mission in inspirierende Ziele und messbare Ergebnisse führt zur Reduktion von Tätigkeiten, die kaum zur Ausrichtung des Unternehmens beitragen und die wir im Kontext des *Lean Management* als Verschwendung von Ressourcen bezeichnen. Auch wenn der Zustand der Perfektion vermutlich nie erreicht wird, lassen sich erste positive Effekte des Fokus' auf die wichtigen Aktivitäten schnell erkennen, sobald wir uns auf den Weg machen.

OKR und *Start With Why*
Die Arbeit mit Objectives and Key Results hat sich zweifellos für viele Organisationen unterschiedlicher Erlösmodelle, Größen, Reifegrade und Branchen – teilweise seit Jahrzehnten – als funktionierender Weg in Richtung Fokussierung herausgestellt. Der Beitrag von Teams und Mitarbeitern zum Erreichen der

Unternehmensziele wird deutlicher, Entscheidungen werden einfacher und die Kaskade an Zielen ‚von oben nach unten' und zurück wird transparenter.

Das Vereinbaren von Objectives und Verfolgen von Key Results sorgt allerdings nicht notwendigerweise dafür, die „richtigen" Ziele zu setzen. Die Objectives geben keine Antwort auf die Frage, *warum* oder *wozu* eine Organisation diese Ziele verfolgen sollte. Die Frage danach, was Personen, Teams oder Unternehmen antreibt, das zu tun, was sie tun, wird in den Objectives nicht unbedingt beantwortet.

Die meisten der im Abschn. 2.2 genannten Beispiele an Objectives und an Key Results wurden von etablierten Unternehmen artikuliert. Diese Unternehmen wissen meist seit langem, *warum* sie tun, was sie tun, wenn auch nicht unbedingt immer explizit ausgedrückt und knackig auf den Punkt gebracht. Allerdings zeigen aktuelle Gespräche und Coachings der Autoren mit Klienten, dass nur wenige Gründer und Führungskräfte in kleinen und mittleren Unternehmen in der Lage sind, ihr *Warum* nachvollziehbar und zum Mitmachen oder Investieren einladend zu verfassen. Man könnte argumentieren, dass dieses *Warum,* dieser Antrieb, in der Unternehmensmission versteckt ist – die Autoren finden, dass es oft allzu gut versteckt ist und in vielen Organisationen entweder kaum kommuniziert, längst vergessen oder unverständlich formuliert ist.

Simon Sinek beschreibt in seinem 2009 erschienenen Bestseller „Start With Why" den in Abb. 2.3 dargestellten *Golden Circle,* in dessen Zentrum sich das

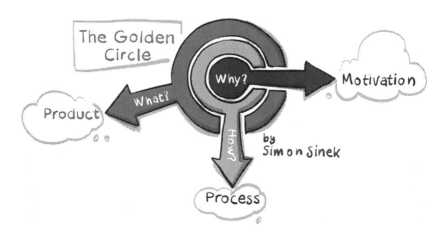

Abb. 2.3 Golden Circle

Warum findet (Sinek 2009). Das *Wie* in der zweiten Schale beschreibt die Prozesse einer Organisation, und das *Was* in der dritten Schale beschreibt, welche Produkte oder Dienstleistungen eine Organisation anbietet.

Er schlägt eine auf den ersten Blick sehr einfache Formel vor, die das Formulieren des *Warum* unterstützt: **<Beitrag>, damit <Wirkung>**. Sein eigenes *Warum* formuliert er so: „Wir wollen Menschen inspirieren, das zu tun, was sie inspiriert, damit wir gemeinsam die Welt verändern" (Sinek 2009). Sein Beitrag ist die Inspiration, und die Wirkung besteht in der gemeinsamen Veränderung der Welt.

Simon Sineks Ansicht nach – bestätigt durch Erfahrung der Autoren aus vielen Workshops – führt das *Warum* zu einem besseren Verständnis davon, was uns inspiriert und motiviert: Warum existiert ein Unternehmen? Wozu stehen wir morgens auf? Warum sollte sich jemand für das Angebot interessieren?

Dieses *Warum* ist zugleich Ausgangspunkt und Nordstern, wenn es um die Formulierung inspirierender Ziele und transparenter Ergebnisse geht. Aus dem *Golden Circle* können die Objectives and Key Results der Organisation abgeleitet werden, oft konkreter und griffiger als aus der Unternehmensmission und -vision. Mehrere Interpretationen einer sinnvollen Verbindung des *Golden Circle* und der Objectives and Key Results sind aktuell im Umlauf, und einige widersprechen einander. Die Autoren schlagen diese Verbindung vor:

- Das *Warum* gibt die Richtung vor: Noch ist nicht festgelegt, ob und welche Produkte oder Services das *Warum* unterstützen werden, oder welche Prozesse notwendig und sinnvoll sein werden, um diese herzustellen und zu liefern. Das *Warum* ist die Identität und liefert den Antrieb und die Motivation. Es ist der Ausgangspunkt für die Ableitung der Objectives und der Key Results.
- Das *Wie* bildet die Brücke zwischen dem *Warum* und dem *Was:* Es beschreibt das Geschäftsmodell und die Prozesse einer Organisation. Hier ist das Alleinstellungsmerkmal des Unternehmens verortet und hier finden sich die vereinbarten Werte und Prinzipien. Die auf Unternehmensebene definierten Objectives and Key Results und das *Wie* müssen sich decken.
- Das *Was* beschreibt das Angebot des Unternehmens: Die Produkte oder Services und damit die konkreten Resultate des *Warum* und des *Wie* finden hier ihren Platz. Das *Was* ist der außerhalb des Unternehmens sichtbare und greifbare Teil des *Golden Circles* und ergibt nach Ansicht der Autoren keine sinnvolle Verbindung zu den Objectives and Key Results.

Wenn wir uns bei der Arbeit mit OKR von einem *Warum* oder *Wozu* inspirieren lassen, daraus die Formulierung der Objectives und der Key Results ableiten und sorgfältig mit dem *Wie* abgleichen, erhalten wir die Ziele, mit denen es sich tatsächlich zu starten lohnt.

2.3 Fälle und Anwendungen

Mit den folgenden vier Beispielen möchten die Autoren die Arbeit mit Objectives and Key Results Schritt für Schritt greifbarer machen und Sie zum Transfer in Ihre Organisation einladen. Die jeweiligen Unternehmen, deren Hintergrund und die Anwendung von Objectives and Key Results sind real und hier anonymisiert. Um brauchbare Beispiele zu geben und den Fokus nicht aus den Augen zu verlieren, haben wir uns auf drei Objectives pro betrachtetes Unternehmen konzentriert und diese mit jeweils drei Key Results hinterlegt.

- Beispiel 1 – HEDAKU: Das Unternehmen wird Leckereien für Haustiere herstellen. Mit der eindeutigen Verbindung zu einer als positiv wahrgenommenen Stadt mit jährlich 12 Mio. Touristen einerseits und Besetzung einer Nische andererseits wird es ein Produkt anbieten, das Hunde und deren Besitzer nicht brauchen, aber wollen.
- Beispiel 2 – BRNHLD: Das Unternehmen berät Gründer, Non-Profit-Organisationen und mittelständische Unternehmen bei den Schritten von der Idee zu einem belastbaren, weil ausreichend getesteten Geschäftsmodell und unterstützt beim Finden einer seriösen Antwort auf die spannende Frage, warum Kunden kaufen.
- Beispiel 3 – AVATAR: Das Unternehmen stellt mit seinem Produkt eine einzigartige Symbiose von Kunst und Technik zur Entspannung und Stressreduktion her. Die in Kleinserie hergestellte Skulptur hilft Menschen, ihre eigenen Ressourcen zu aktivieren, indem sie Biofeedback durch Visualisierung der Herzfrequenz anbietet.
- Beispiel 4 – VISUAL: Das Unternehmen bietet seit mehr als 10 Jahren Graphic Recordings von Konferenzen, Workshops und Keynotes für mittelständische Unternehmen, Non-Profit-Organisationen und Konzerne im deutschsprachigen Raum an, daneben Illustrationen von Büchern, Whitepapers und Präsentationen.

Wie im Abschn. 2.1 ausgeführt, werden Objectives mit einem einfachen Satz beschrieben und definieren einen konkreten Zielzustand, der am Ende des Betrachtungszeitraumes erreicht werden soll. Sie sind qualitativ und idealerweise sowohl ausführbar als auch inspirierend formuliert.

Die Ziele von HEDAKU

Für das erste Quartal haben sich die Gründer Ziele gesetzt, die eng mit dem Aufbau der Marke, der Herstellung erster Prototypen für Produkt und Verpackung bei gleichzeitigem Start der Kommunikation verbunden sind. Diese lauten:

* Objective 1: Ein solider organisatorischer Rahmen ist geschaffen.
* Objective 2: Eine spannende Marke ist vorbereitet.
* Objective 3: Ein „likeable" Produkt ist entworfen.

Die Ziele von BRNHLD

Der Berater hat für das zweite Quartal Ziele definiert, die auf den Aufbau und der Integration eines vielversprechenden Themas in das bestehende Angebot sowie offensiver Kommunikation der eigenen Marke einzahlen. Diese lauten:

* Objective 1: Mehr Spaß – wir haben viel Freude an unseren Themen.
* Objective 2: Mehr Einnahmen – alle Themen sorgen für gute Erlöse.
* Objective 3: Mehr Reichweite – wir werden wahrgenommen.

Die Ziele von AVATAR

Für das erste Quartal hat sich der Inhaber Ziele gesetzt, die mit dem erfolgreichen Anlauf der Produktion in Kleinserie nach einer langen Prototypenphase zusammenhängen und die nächsten notwendigen Schritte umfassen. Diese lauten:

* Objective 1: Ein alternativer Lieferant ist gefunden.
* Objective 2: Meine Marketingstrategie ist entworfen.
* Objective 3: Ich habe Spaß mit meinen Kunden.

Die nun folgenden und im Abschn. 2.1 beschriebenen Key Results quantifizieren die oben festgelegten Objectives und machen diese messbar. Sie beschreiben, wie die jeweiligen Ziele im definierten Zeitraum erreicht werden und sollen machbar und konsequent am Ergebnis orientiert sein.

Die Ziele von VISUAL

Die Geschäftsleiterin hat für das vierte Quartal des aktuellen Jahres Ziele definiert, die auf die strukturierte Suche nach vielversprechenden Technologien bei gleichzeitigem Ausbau des bestehenden Angebotes einzahlen. Diese lauten:

* Objective 1: Ich entdecke neue Geschäftsfelder.
* Objective 2: Meine Veröffentlichungen verdienen Geld.

- Objective 3: Ich gehe nächste technologische Schritte.

Die aus den Zielen abgeleiteten Ergebnisse von HEDAKU
Die Key Results für das erste Objective (ein solider organisatorischer Rahmen ist geschaffen) lauten:

- Key Result 1: Die fünf relevantesten Social-Media-Kanäle und die drei relevantesten Kanäle für deutschsprachige Podcasts sind mit Usernamen „besetzt".
- Key Result 2: Die Domain ist bei one.com konnektiert und wird bis zum Verkaufsstart auf eine bestehende Website umgeleitet.
- Key Result 3: Die Anmeldung der Wortmarke ist beim DPMA eingegangen und im Online-Register zu finden.

Die Key Results für das zweite Objective (eine spannende Marke ist vorbereitet) lauten:

- Key Result 1: Die Geschichten rund um das Produkt zu zehn ähnlichen Angeboten sind zusammengetragen.
- Key Result 2: Die Geschichte zum Produkt ist in einer Review-fähigen Version im Umfang von etwa 100 Wörtern geschrieben.
- Key Result 3: Das Logo ist in einer seriennahen Qualität entworfen, um im Freundeskreis getestet zu werden.

Die Key Results für das dritte Objective (ein „likeable" Produkt ist entworfen) lauten:

- Key Result 1: Alle für die Genehmigung der Herstellung relevanten Behörden samt den direkten Ansprechpartnern sind identifiziert.
- Key Result 2: Fünf verschiedene Prototypen des Produktes sind hergestellt, um im engen Umfeld getestet zu werden.
- Key Result 3: Eine Entscheidung, ob selbst oder fremd gefertigt wird, ist getroffen, und eine Shortlist von drei möglichen Herstellern ist erstellt.

Die aus den Zielen abgeleiteten Ergebnisse von BRNHLD
Die Key Results für das erste Objective (wir haben viel Freude an unseren Themen) lauten:

- Key Result 1: Unser „Why" ist klar und verständlich formuliert.
- Key Result 2: Zwei Folgen unseres neuen Podcasts sind live.

- Key Result 3: Vertrag mit einem Top-10-Verlag ist unterzeichnet.

Die Key Results für das zweite Objective (alle Themen sorgen für gute Erlöse) lauten:

- Key Result 1: Q2-Einnahmen sind höher als die der Q2 in 2017–2019.
- Key Result 2: Pipeline für Q3 + Q4 ist höher als die Einnahmen 2019.
- Key Result 3: Drei neue Partnerunternehmen sind gewonnen.

Die Key Results für das dritte Objective (wir werden wahrgenommen) lauten:

- Key Result 1: Vorträge zu zwei uns wichtigen Themen sind getestet.
- Key Result 2: Ein griffiger Name für unser neues Thema ist gefunden.
- Key Result 3: Wir haben 250 Referenzen im Bewertungsportal.

Die aus den Zielen abgeleiteten Ergebnisse von AVATAR
Die Key Results für das erste Objective (ein alternativer Lieferant ist gefunden) lauten:

- Key Result 1: Eine Shortlist mit drei möglichen Lieferanten ist fertig.
- Key Result 2: Ein detaillierter Entwurf für die Version 2.0 liegt vor.
- Key Result 3: Ein belastbarer Kostenvoranschlag ist am Tisch.

Die Key Results für das zweite Objective (meine Marketingstrategie ist entworfen) lauten:

- Key Result 1: Der Vertrag mit einem strategischen Partner ist unterzeichnet.
- Key Result 2: Erste Schritte mit dem strategischen Partner sind gemacht.
- Key Result 3: Eine authentische Geschichte rund um das Produkt steht.

Die Key Results für das dritte Objective (ich habe Spaß mit meinen Kunden) lauten:

- Key Result 1: Ich habe 20 Besuche bei Neukunden gemacht.
- Key Result 2: Ich habe zehn neue Testimonials mit Namen und Bild erhalten.
- Key Result 3: Ich habe fünf neue Kunden über Weiterempfehlungen gewonnen.

Die aus den Zielen abgeleiteten Ergebnisse von VISUAL
Die Key Results für das erste Objective (ich entdecke neue Geschäftsfelder) lauten:

- Key Result 1: Zwei Live-Illustrationen in Richtung „schöner Künste".
- Key Result 2: Meine Spaßprodukte haben 1000 EUR verdient.
- Key Result 3: Der Plan für einen Storytelling-Schwerpunkt ist fertig.

Die Key Results für das zweite Objective (Veröffentlichungen verdienen Geld) lauten:

- Key Result 1: Mein Entwurf für ein Comic-Buch ist fertig.
- Key Result 2: Der Vertrag für ein Arbeitsbuch ist unterschrieben.
- Key Result 3: Die dritte Auflage meines ersten Buches ist erhältlich.

Die Key Results für das dritte Objective (ich gehe nächste technologische Schritte) lauten:

- Key Result 1: Der Zeichenroboter war zweimal live im Einsatz.
- Key Result 2: AR-Hardware und -Anwendungen sind getestet.
- Key Result 3: Ich habe drei neue Zeichen-Apps evaluiert.

2.4   Was Sie davon mitnehmen

Die Implementierung von Objectives and Key Results bedeutet einen nur schwer wegzudiskutierenden Aufwand für Ihre Organisation – egal ob Startup, mittelständisches Unternehmen oder Konzern. Die Autoren finden, dass sich diese Investition in Zeit und Geld tatsächlich lohnt. Warum ist das so und worin besteht der konkrete Nutzen?

> **Der Nutzen für Mitarbeiter:**
>
> - Der eigene Beitrag wird sichtbar, wenn die individuellen Ziele und die Ziele der Organisation weitgehend übereinstimmen. Sollten sich Themen im Unternehmen ändern, wird auch die Änderung der Prioritäten nachvollziehbar.
> - Das große Ganze wird verständlich, da die Ziele der Organisation jederzeit transparent sind. Entscheidungen des Managements werden nachvollziehbarer und Mitarbeiter sind stärker in den Prozess der Zieldefinition eingebunden.

- Ein „Nein" zu zusätzlichen Themen wird einfacher, da aus der OKR-Liste des aktuellen Quartals die aktuellen Aufgaben abgeleitet werden. Für jede neue Aufgabe sollte eine andere von der Liste genommen werden.

Der Nutzen für Führungskräfte:

- Der Fokus wird auf diejenigen Themen gelegt, die zu Beginn des Quartals in Form von Zielen und Ergebnissen vereinbart wurden. Themen, die nicht Teil der OKR sind, werden erst in der nächsten Runde geplant.
- Die Ergebnisse und Erfolge werden messbar, da die Key Results aus den zu erreichenden Zielen abgeleitet werden. Beides wird zu Quartalsbeginn definiert und am Ende der Periode hinsichtlich der Zielerreichung gemessen.
- Die Kommunikation wird transparenter, da alle Beteiligten jederzeit über die eigenen Ziele und die der anderen Mitarbeiter und Teams informiert sind. Auch die Definition der Ziele und Ergebnisse geschieht im intensiven Dialog.

Der Nutzen für Gründer und Inhaber:

- Die Unternehmensvision wird konsequent in kurzfristige inspirierende Ziele und messbare Ergebnisse übersetzt. Damit wird sichergestellt, dass die gesamte Organisation eine gemeinsame Richtung arbeitet.
- Die Entscheidungen über knappe Ressourcen im Unternehmen werden einfacher, da der Einsatz planvoll geschieht. Diese Ressourcen werden im Rahmen der Zieldefinition zu Beginn eines Quartals verteilt.
- Die Gefahr, ressourcenfressenden Ablenkungen hinterherzulaufen, ist geringer, da sie die für die jeweilige Periode geplanten Aktivitäten nicht übersteuern können. So kommen die wirklich wichtigen Themen voran.

Warum LEGO® SERIOUS PLAY®?

Mit diesem Abschnitt laden die Autoren Sie ein, die Herkunft und den wissenschaftlichen Hintergrund von LEGO® SERIOUS PLAY® zu erfahren. Sie können erste Schritte mit diesem aktivierenden Format moderieren oder selbst anwenden und lernen die Applikation anhand eines Beispiels kennen.

3.1 Hintergrund und Bausteine

> „Ich werde ab morgen dort weitermachen, wo wir heute aufgehört haben: Ich werde denen die Hand reichen (zeigt auf die Hände der beiden LEGO-Minifiguren), die die Veränderung noch nicht verstanden haben. Ich bin aber auch bereit, die Destruktiven zu bekämpfen (berührt das Schwert einer Minifigur, die einen ansonsten friedlichen König darstellt). Ich bin mir sicher, dass wir das schaffen, weil ihr hinter mir steht (betont eine hinter dem König aufgebaute Reihe von Minifiguren)."

So lautete die Zusammenfassung des Auftraggebers eines Workshops: das Unternehmen stellte sich und den Autoren die spannende Frage, wie sie Ziele verständlich definieren und Ergebnisse vereinbaren wollen. Relevante Antworten fanden wir mithilfe einer analogen Anwendung, die gemeinsames Denken, gemeinsames Bauen und gemeinsames Finden von digitalen Zukunftsszenarien für Unternehmen möglich macht. Abb. 3.1 zeigt den Auftraggeber beim Einfügen seines Modelles in eine Landschaft.

Warum fangen wir Schlüsselpersonen zu Gruppen zusammen, ignorieren Hinweise auf deren angeblich fehlende Kreativität und führen sie durch eine mehrtägige straffe Agenda? Weil wir die in Zeiten des schnellen Wandels relevanten Themen gemeinsam auf den Tisch bringen wollen. Weil wir echte

© Springer Fachmedien Wiesbaden GmbH, ein Teil von Springer Nature 2020
R. Ematinger und S. Schulze, *Spielend Ziele setzen und erreichen,* essentials,
https://doi.org/10.1007/978-3-658-29305-5_3

Abb. 3.1 Schaffen und Diskutieren eines gemeinsamen Bildes

Resultate wollen. Weil wir Orientierung schaffen wollen. Weil wir umsetzbare Entscheidungshilfen für eine ungewisse, aber gestaltbare Zukunft ableiten wollen. Das nennen wir *Strategic Preparedness* und meinen damit nichts anderes als „als-Unternehmen-vorbereitet-sein": Unter anderem vorbereitet sein auf

- künftige Ereignisse, die wir noch nicht kennen können,
- weitere Umbrüche, deren Auswirkung wir nicht erahnen können,
- neu auftretende Wettbewerber, die wir noch nicht identifiziert haben,
- unbekannte Produkte, die ganze Industrien transformieren werden.

Aus dem Wissen und den Erfahrungen einzelner Personen werden Wissen und Erfahrungen der gesamten Organisation. Kenntnisse, Erfahrungen und neue Einblicke werden geteilt, und das sorgt dafür, dass das Unternehmen eine stabile und belastbare Zuversicht entwickelt, auch in unsicheren Zeiten ihre Ziele erreichen und wirklich brauchbare Resultate liefern zu können.

Mehr Einblick in die aktuelle Situation ganzer Industrien und größere Zuversicht, mit verständlichen Zielen zu einer positiven Zukunft – oder mehreren möglichen Zukünften – beitragen zu können, bringen alleine noch keinen Mehrwert. Erst wenn alle Beteiligten sich darauf verständigen, die Erkenntnisse und Ergebnisse in konkrete Schritte umzusetzen und die auch zu tun, ist die dem Workshop zugrunde liegende Frage auch beantwortet: Ziel muss es sein, dass jeder Einzelne diesen nächsten Schritten zustimmt. Die gemeinsame Arbeit ist getan, wenn:

- neue Einblicke in die aktuelle Situation der Organisation entstehen,
- das Wissen aller Beteiligter so geteilt wird, dass es greifbar wird,
- das Team zuversichtlich ist, auf Basis dieses Wissens zu handeln,
- alle Beteiligten diesem Handeln auch grundsätzlich zustimmen,
- die Organisation vorbereitet ist, auf künftige Themen zu reagieren.

Zentrales Anliegen des Konzeptes ist es, Organisationen unterschiedlicher Größe und Struktur dabei zu unterstützen, komplexe Strukturen und Prozesse deutlicher als bisher zu verstehen, um besser auf künftige Herausforderungen vorbereitet zu sein. Dazu braucht es die Anstrengungen der Schlüsselpersonen, die nicht die immer wieder gleichen hohlen Phrasen hören wollen, sondern umsetzbare Strategien diskutieren und glaubwürdig an Mitarbeiter, Partner und Kunden kommunizieren wollen.

Umgesetzt wird das Konzept, indem im Rahmen eines mindestens eintägigen intensiven Workshops ein aus der eigenen Organisation – und beispielsweise Kunden, Interessenten, Partnern, Lieferanten, Wettbewerbern und Investoren – bestehendes Bild gebaut wird. Damit testen die Workshopteilnehmer Szenarien und mögliche Zukünfte: Rollen, Beziehungen und Abläufe werden mithilfe dreidimensionaler LEGO-Modelle diskutiert, verändern sich im Laufe des Workshops und liefern eine solide Grundlage für künftige Entscheidungen.

Diese Bestandteile bilden das Fundament für überraschende Erkenntnisse und greifbare Ergebnisse, wenn es um das Navigieren in unsicherem Umfeld geht:

- *Storytelling* und das Nutzen von Metaphern,
- Csíkszentmihályis *Flow* und die Idee der *schöpferischen Leidenschaft* von Kurt Hahn,
- der sperrige Begriff Vorstellungskraft, schöner mit *Imagination* beschrieben.

Storytelling und die Arbeit mit Metaphern sind die Schlüssel zur Gestaltung der Unternehmenszukunft. Wenn Kinder spielen und erzählen, werden in ihren

Erzählungen ganz gewöhnliche Gegenstände und Materialien in Menschen, Tiere, Fahrzeuge und alle anderen möglichen Gestalten verwandelt. Nicht nur bei Kindern: Mythen, Sagen und Märchen haben auch Erwachsenen seit jeher als Mittel zum Ausdruck von Idealen und Werten gedient. In (weiter)erzählten Geschichten beschäftigen wir uns mit Themen wie Kultur, Religion, soziale und persönliche Identität oder Gruppenzugehörigkeit. Mit Storytelling sind wir mühelos in der Lage, unserem sozialen, kulturellen und zwischenmenschlichen „Material" einen Sinn zu geben und es zu verstehen. Abb. 3.2 zeigt eine Teilnehmerin beim Erklären ihres LEGO-Modells.

Übertragen auf das Ableiten von Zielen und korrespondieren Ergebnissen aus Unternehmensvision und -mission bedeutet das: Geschichten tragen zur Produktion, Reproduktion, Transformation – auch zur Dekonstruktion – neuer Geschäftsmodelle bei. Erzählungen erfüllen eine Reihe von Aufgaben: die Sozialisation neuer Mitarbeiter, die Legitimierung von Bindung und die Identifizierung mit dem Unternehmen. Sie fungieren als eine Lupe, mit der die Aktivitäten der Organisation betrachtet, verstanden und interpretiert werden können. Geschichten

Abb. 3.2 Modelle bauen und Geschichten erzählen

und Metaphern sind unsere Vehikel, um radikal neue Wege des Verstehens zu schaffen.

Flow, das Gefühl des völligen Aufgehens in einer Tätigkeit, ein Schaffens- und Tätigkeitsrausch, entsteht im Bereich zwischen Überforderung oder Angst und Unterforderung oder Langeweile. Im Flow-Zustand besteht völlige Harmonie zwischen dem bereits angesprochenen limbischen System, das die Emotionen steuert, und dem kortikalen System, dem Bewusstsein und Verstand zugeordnet sind. Was passiert dabei?

- Wir sind fähig, uns auf unser Tun zu konzentrieren,
- Anforderung und Fähigkeit stehen im ausgewogenen Verhältnis,
- weder Langeweile noch Überforderung entstehen,
- wir haben Kontrolle über unsere Aktivität,
- Handlung und Bewusstsein verschmelzen.

Praktisch betrachtet bedeutet die Theorie des von Mihaly Csíkszentmihályi erdachten Konzeptes vom Flow: Was wir gestalten, landet in unseren Köpfen und es bleibt auch dort, sodass gemeinsam gefundene Bilder neuer Ideen, Konzepte und Produkte mühelos und glaubwürdig weitergegeben können (Csíkszentmihályi 2010).

Der Erlebnispädagoge Kurt Hahn, der zusammen mit Prinz Max von Baden das Internat Schloss Salem gründete, nannte dieses Flow-Erlebnis vor mehr als hundert Jahren *schöpferische Leidenschaft.* Das dritte der von ihm formulierten Sieben Salemer Gesetze lautet „Gebt den Kindern Gelegenheit zur Selbsthingabe an die gemeinsame Sache" (Hahn 1930). Genau hier sind die Schlüsselwörter für die Orientierung in unsicherem Umfeld versteckt:

- Selbsthingabe – Vertrauen in die eigenen Fähigkeiten führt beinahe zwangsläufig dazu, mehr Initiative zu wagen und motivierter und engagierter auf das Ziel zuzugehen.
- Gemeinsame Sache – Schaffen eines gemeinsamen Bildes, mit dem nach einem anregenden und, zugegeben, anstrengenden Dialog alle Mitwirkenden einverstanden sind.

Abb. 3.3 zeigt, wie der Begriff „Schaffen eines gemeinsamen Bildes" mit Leben gefüllt wird: Die Teilnehmer bauen gemeinsam an einer Landschaft, die die Ist-Situation einer Konzernabteilung repräsentiert.

Abb. 3.3 Flow beim Schaffen und Diskutieren eines gemeinsamen Bildes

Imagination lässt sich unterschiedlich interpretieren: „Sich-ein-Bild-machen",
sich etwas vorstellen oder „einbilden". Imagination kann im Kontext der Vor-
bereitung auf den digitalen Wandel drei Bedeutungen haben:

- etwas beschreiben,
- etwas schaffen,
- etwas infrage stellen.

Das Zusammenspiel dieser drei Formen ist genau das, was die strategische Imagination ausmacht – den Ursprung kreativer, radikaler, ungewöhnlicher neuer Ideen
für brauchbare Antworten auf die Transformation.

Die *beschreibende Imagination* erzeugt Bilder, die eine komplexe und oft ver-
wirrende Umwelt beschreiben. Sie erkennt in einer Flut von Informationen deutliche Muster und Regelmäßigkeiten – in etwa die wirklichkeitsnähere Form der
„Matrix". Beispiele sind Wertschöpfungsketten, das Vier-Aktionen-Format von

Kim und Mauborgne oder die BCG-Matrix der Boston Consulting Group (Kim und Mauborgne 2005). Mit beschreibender Imagination sehen wir das, was vor unseren Augen geschieht, und bringen es in einen Zusammenhang. Gerade zum gemeinsamen Verständnis eines Ist-Zustandes als Ausgangspunkt für neue Strategien ist sie sehr hilfreich.

Die *schöpferische Imagination* ist für die Entwicklung von Strategien und Geschäftsmodellen notwendig – Brainstorming und viele Großgruppenmethoden sind Beispiele dafür. Während die beschreibende Imagination zu erkennen hilft, was der Stand der Dinge ist, erlaubt die schöpferische Imagination, das wahrzunehmen, was nicht da ist – und damit etwas wirklich Neues, völlig anderes zu schaffen. Innovative Strategien, bei denen Unternehmen versuchen, ihre Wettbewerber an den Spielfeldrand zu drängen, als mit ihnen in direkter Konkurrenz zu stehen, sind das Ergebnis – Google, Dell, Slack, AirBnB und Uber sind gute Beispiele dafür.

Die *verneinende Imagination* widerspricht der üblichen Vorstellung von Fortschritt und Tempo um des Tempos willen radikal und zerstört sie sogar. Sie wirft alle angestaubten Regeln über den Haufen und macht reinen Tisch. Sie fügt nicht einfach ein neues kleines Element an ein bereits vorhandenes, sondern beginnt ganz neu und setzt nichts voraus. Der Begriff ‚Dekonstruktion‘ beschreibt dieses Phänomen am besten. Ein gutes Beispiel ist der Reengineering-Ansatz von Michael Hammer: nicht die Verbesserung bestehender Praktiken ist das eigentliche Thema, sondern „Aufgabe und Neubeginn, dem Beginn mit dem sprichwörtlich reinen Tisch und einer Neudefinition der eigenen Arbeits- und Vorgehensweise" wie Hammer es formuliert (Hammer 1995).

Alle drei zusammen ergeben die *strategische Imagination* – einen Prozess, der sich aus diesen den vorher besprochenen Formen von Imagination zusammensetzt. Als erwünschte Nebenwirkung erzeugt er eine soziale Dynamik: neues Wissen wird mit vorher erlernten Kenntnissen und Erfahrungen konstruiert. Neue Bedeutungen ergeben sich aus diesem Wissen, und eine klare Richtung mit gemeinsam gefundenen Antworten wird geschaffen.

Dieser Ansatz ist radikal anders als übliche Herangehensweisen der Ideenfindung, Ideenverdichtung und Ideenauswahl, in denen oft nicht alle Mitwirkenden die Möglichkeit haben, die für ein gemeinsames Bild wichtigen eigenen Erkenntnisse, Fähigkeiten und Erfahrungen einzubringen. Spielerische Konzepte wie LEGO® SERIOUS PLAY® schaffen von der ersten Minute eine Umgebung mit ausgeglichenen Ausgangsbedingungen für alle Beteiligten und sorgen für mehr Aufmerksamkeit, mehr Spaß, mehr Beteiligung und bessere Ergebnisse, wenn es um echte Innovation in Organisationen geht.

„Ich muss nicht immer das letzte Wort haben (Heiterkeit im Workshop-Raum).
Wichtig ist, dass wir nun ein einheitliches Vorgehen haben (zeigt auf den mit
„Balance" beschrifteten Eisbären auf der Spitze einer stabilen LEGO-Brücke), das
gemeinsam formuliert worden ist und hinter dem alle stehen. Wir werden uns im
Rahmen der digitalen Welle (nimmt den DUPLO-Walfisch aus der Landschaft und
hält ihn in die Kamera) verändern und die Mitarbeiter mitnehmen. Wichtig ist auch,
dass erkannt wurde, dass wir gemeinsam dieses Ziel anstreben – und keine Zweifel
haben, damit auch erfolgreich zu sein."

Das ist das Resümee des oben erwähnten Workshops: mit den erarbeiteten Leitplanken für die Zusammenarbeit der Führungskräfte und die Ableitung von Zielen und Ergebnissen baute die Organisation eine belastbare Basis, mit der sie gut
auf die Zukunft vorbereitet sind.

Was hilft dabei, das in Unternehmen vorhandene Wissen endlich zu nutzen,
mit einem radikalen Weg Prozesse und Strukturen greifbar machen und so die
Organisation auf Navigieren ‚auf Sicht' vorbereiten?

Abb. 3.4 Schiff und Insassen an der Gefahr vorbei steuern

- Werkzeuge und Vorgehen, die berücksichtigen, dass sich das Umfeld einer Organisation schneller ändert als herkömmliche Verfahren der Planung und Strategiefindung in die Puschen kommen,
- Werkzeuge und Vorgehen, die sicherstellen, dass eine Organisation bestmöglich auf einen Wandel mit im Moment nicht vorhersagbaren Ergebnissen vorbereitet ist,
- Werkzeuge und Vorgehen, die aus diesem Grund ein von allen Beteiligten mitgestaltetes und mitgetragenes und verständliches Set an Leitplanken bieten muss.

Nur das führt dauerhaft zu sinnvollen Ergebnissen. Diese Leitplanken geben den Rahmen, um die Qualität wichtiger Entscheidungen zu verbessern, wenn es um verständliche und umsetzbare Ziele geht. Sie sorgen dafür, dass die beschlossene Richtung auch eingehalten werden, indem die Schlüsselpersonen in der Organisation ein Set an funktionierenden Werkzeugen erarbeiten, mit denen sie schnell und wirksam auf Abweichungen reagieren können. Abb. 3.4 zeigt, wie Workshopteilnehmer die Frage nach Leitplanken für die Organisation angesichts zu erwartender Ereignisse beantwortet haben.

3.2 Ihre ersten Schritte in 3D

Forschungen sowie unzählige Workshops mit realen Fragestellungen und umsetzbaren Resultaten haben eindeutig gezeigt: das Verhalten von an Innovationsprozessen beteiligten Personen verändert sich signifikant und unumkehrbar positiv, wenn der Dreiklang aus Denken, Fühlen und Bewegung „eingebaut" ist. Die Ergebnisse zeigen, dass Erkenntnisse und Erfahrungen sozusagen hart verdrahtet lange in Erinnerung bleiben, da das für die Verarbeitung von Erfahrungen wichtige limbische System besonders angeregt wird. Die Schaltstelle zwischen den verschiedenen Gehirnsystemen erkennt, welche Informationen neu sind, koordiniert die Inhalte und organisiert das Einspeichern dieser nun bewussten Informationen aus dem Arbeitsspeicher in das Langzeitgedächtnis.

Die Autoren nutzen, auf dem seit Ende der 90er-Jahre immer weiter entwickelten Konzept von LEGO® SERIOUS PLAY® aufbauend, mehrere „Intelligenzen" der Workshop-Teilnehmer: Der Ansatz stimuliert ihre visuellen, auditiven und kinästhetischen Fähigkeiten. Die Mitwirkenden entdecken ohne Umwege, dass sie das, was sie nicht wussten, bereits wussten. Verschüttetes Wissen wird durch die straffe Choreografie des Workshops zu greifbarem und künftig wieder abrufbarem Wissen. Die konsequente Abfolge aus

- Modelle als Antwort auf die vom Moderator formulierten Fragen bauen,
- den Modellen eine Bedeutung geben,
- die „Geschichte" rund um das gebaute Modell erzählen

unterstützt dabei, indem individuelles Wissen und Erfahrungen jedes Einzelnen immer wieder geteilt werden. Alle Teilnehmer haben die Chance, ihre eigene Sicht mitzuteilen, ohne zuvor von schnelleren und lauteren Gruppenmitgliedern beeinflusst zu werden. Nur so kann ein gemeinsames Bild entstehen, das eine wirksame Arbeit an umsetzbaren Strategien, Erfolg versprechenden Geschäftsmodellen und möglichen Zukünften erlaubt. Wenige, aber wichtige Annahmen bilden die Basis dieses Konzeptes:

- Auch Führungskräfte einer Organisation haben nicht alle Antworten, die Umsetzung vereinbarter Ziele hängt davon ab, allen Stimmen am Tisch Raum zu geben.
- Die Mitarbeiter einer Organisation wollen Teil eines großen Ganzen sein und Verantwortung für gute und schlechte Ergebnisse übernehmen.
- Alle Beteiligten dürfen und sollen zu einer künftigen Entwicklung der Organisation beitragen, indem sie mitsprechen, zuhören und teilhaben.
- Das Wissen und die Erfahrungen in Organisationen ist nicht immer optimal verteilt, was sich auf die aus den Zielen abgeleiteten Ergebnissen auswirkt.

Diese Annahmen wurden in die oben beschriebene konsequente Abfolge übersetzt, den die Entwickler der Methode als Kernprozess bezeichnen. Dieser Kernprozess besteht aus vier Schritten:

- Schritt 1 – Formulieren der Frage: Der Moderator stellt den Workshopteilnehmern eine Frage, die sogenannte Challenge, für die es keine einzig richtige oder offensichtliche Antwort gibt. Die Frage muss verständlich und klar formuliert sein, sodass keine Missverständnisse über ihre Interpretation entstehen.
- Schritt 2 – Bauen eines Modells: Die Workshopteilnehmer bauen jeweils ein LEGO-Modell als Antwort auf die zuvor gestellte Frage. Es gibt keine Beschränkungen bezüglich der Menge, Art oder Farbe der verwendeten LEGO-Steine. Der Moderator gibt jedoch in der Regel ein Zeitlimit für das Bauen vor.
- Schritt 3 – Erzählen der Geschichte: Jeder Workshopteilnehmer stellt den anderen das gebaute Modell und die Geschichte dazu vor. Dabei ist wichtig,

dass tatsächlich alle Beteiligten die Geschichte zu ihrem Modell erzählen und dafür die uneingeschränkte Aufmerksamkeit finden.

- Schritt 4 – Reflexion der Geschichte: Die Workshopteilnehmer reflektieren neben der eigenen Geschichte auch die der anderen. Die Kombination aus den Modellen und der Erklärungen sorgen für dreidimensionale Metaphern, die sich in den Köpfen aller Beteiligter gut und lange verankern.

Die „eingebauten" Vorteile dieses Kernprozesses sind, dass ausnahmslos alle Workshopteilnehmer in das Formulieren eigener Gedanken und gemeinsamer Erkenntnisse und in das Finden von Lösungen eingebunden sind, das Risiko von Missverständnissen und Fehlinterpretationen minimiert wird und der Fokus mehr auf die Aussagen und weniger auf die Person gelegt wird.

Erste Übung zum Aufwärmen

Haben Workshopteilnehmer zum ersten Mal mit der Methode und den Materialien von LEGO® SERIOUS PLAY® zu tun, ist die gesamte Bandbreite an Reaktionen von „Das klingt nach Spaß, lasst uns beginnen!" bis zu „Wie soll Spielen mit LEGO-Steinen helfen, an meinen Ziele zu arbeiten?" möglich. Ein sanfter Einstieg in die Arbeit mit den teilweise unbekannten speziellen Sammlungen an LEGO-Steinen und der Agenda ist besonders wichtig, um Bereitschaft zum Arbeiten mit dieser Methode und Vertrauen in den Ansatz und den Moderator zu schaffen. Die erwähnte, aus drei Schritten bestehende, Abfolge aus

- Modelle als Antwort auf eine Frage bauen,
- diesen Modellen eine Bedeutung geben,
- die „Geschichte" rund um das gebaute Modell erzählen

wird in einer Art Aufwärmprogramm durchgespielt, um den unterschiedlichen Erwartungen der Kunden – an die Relevanz der Methode, an den Ablauf oder an das Thema OKR im allgemeinen – und Erfahrungen – mit kreativen Ansätzen im allgemeinen, mit bisher versuchten Methoden oder mit anderen Moderatoren und Beratern – entgegenzukommen und ausreichend Sicherheit für die folgende gemeinsame Arbeit zu geben.

Die auf der LEGO-Seite unter der Themenwelt „Serious Play" online verfügbaren LEGO® SERIOUS PLAY® Starter Sets mit der Bestellnummer 2000414 und etwa 200 Bausteinen eignen sich perfekt für den Einstieg und die folgende Arbeit an den Zielen und Ergebnissen. Eine preiswertere Alternative für den

Einstieg sind die ebenfalls unter dieser Themenwelt gelisteten LEGO® SERIOUS PLAY® Window Exploration Bags, die aus etwa 40 Bausteinen bestehen und unter der Bestellnummer 2000409 erhältlich sind. Abb. 3.5 zeigt den Inhalt des LEGO® SERIOUS PLAY® Starter Sets.

Die Idee hinter der ersten Übung ist, sowohl das Werkzeug – die spezielle Zusammenstellung an LEGO-Steinen – als auch das Vorgehen – die Abfolge aus Modelle bauen, eine Bedeutung geben, eine Geschichte erzählen – kennenzulernen. Der Moderator schafft eine sichere Umgebung, in der die Workshopteilnehmer sich wohl dabei fühlen, in einen offenen Dialog einzusteigen und einander und dem Moderator zu vertrauen. Die Autoren greifen den Kernprozess wieder auf und beschreiben damit die einzelnen Schritte der ersten Übung:

• Schritt 1 – Formulieren der Frage: Die vom Moderator formulierte Aufgabe besteht darin, aus einigen der Bausteine einen möglichst hohen und stabilen Turm zu bauen. Rahmenbedingungen, beispielsweise welche besonderen Steine verwendet werden sollen, welcher Baustein die Basis des Turmes bilden soll und was die Spitze des Turms abschließen soll, helfen dabei, schneller

Abb. 3.5 LSP Starter Set

in den in Abschn. 3.1 erwähnten Flow-Zustand zu gelangen und erste Erfolgs-
erlebnisse mit einer als harmlos empfundenen Fragestellung zu schaffen.

- Schritt 2 – Bauen eines Modells: Die Workshopteilnehmer bauen jeweils einen
  Turm aus LEGO-Steinen als Antwort. Es gibt außer den vorher vom Moderator formulierten Rahmenbedingungen keine Beschränkungen bezüglich der
  zu verwendenden LEGO-Steine. Ein Zeitrahmen von fünf Minuten bei Verwendung des Window Exploration Bags und etwa acht Minuten mit den Bausteinen des Starter Sets hat sich als gut machbar herausgestellt, um entspannt
  und trotzdem konzentriert einen Turm zu bauen.
- Schritt 3 – Erzählen der Geschichte: Die Workshopteilnehmer stellen einander den Turm vor und verwenden jeweils etwa eine bis zwei Minuten darauf.
  Ausnahmslos alle Beteiligten erzählen die Geschichte zu ihrem Modell. Alle
  anderen hören der vortragenden Person aufmerksam zu, um die Bedeutung des
  Modells zu verstehen. Der Moderator fragt entweder, wer mit der Vorstellung
  des Turms beginnen möchte oder schlägt eine Reihenfolge vor. Dieser Schritt
  ist zentral, da weniger die Eleganz des Modells, sondern die Bedeutung des
  Modells wesentlich für den Prozess ist.
- Schritt 4 – Reflexion der Geschichte: Die Workshopteilnehmer reflektieren
  neben ihrer eigenen Geschichte über ihren Turm auch die Geschichten der
  anderen. Dabei helfen die nach der jeweiligen Vorstellung vom Moderator
  oder den anderen Teilnehmern formulierten Fragen zum Modell. Die höchst-
  wahrscheinlich sehr unterschiedlich gestalteten Türme zeigen deutlich, dass
  bei der gleichen Fragestellung und mit den gleichen Werkzeugen verschiedene
  Antworten entstehen können und dass das so in Ordnung ist.

Der Moderator schließt die erste Übung ab, indem er betont, wie der immer glei-
che Ablauf – Bauen eines Modells, dem Modell eine Bedeutung geben, dazu eine
Geschichte erzählen – dafür sorgt, dass eine Art neuer Sprache entsteht, dass alle
Beteiligten zu Wort kommen und dass ein gemeinsames Verständnis einer Situa-
tion und möglicher künftiger Entwicklungen geschaffen wird. Abb. 3.6 zeigt eine
Workshopteilnehmerin bei Erklären ihres Turms.

Zweite Übung zum Aufwärmen

Das Ziel der zweiten Übung ist, nach dem Kennenlernen von Vorgehen und Werkzeugen besser mit dem vertraut zu werden, was die LEGO® SERIOUS PLAY®
Facilitators *Storymaking* nennen. Wenn wir Geschichten erzählen, nehmen wir
die anderen auf eine Reise mit. Wir vermitteln komplexe Informationen in und
zwischen den Zeilen auf eine spannende Art und Weise. Die für die Gegenwart
und mögliche Zukunft einer Organisation wichtigen Themen werden greifbar und

Abb. 3.6 Dem eigenen LEGO-Modell eine Bedeutung geben

einfach wiederzugeben und weiterzutragen. Die Autoren greifen den Kernprozess wieder auf und beschreiben damit die einzelnen Schritte der zweiten Übung:

- Schritt 1 – Formulieren der Frage: Die vom Moderator formulierte Aufgabe besteht darin, aus den Bausteinen das Bild eines idealen Kunden zu bauen. Alternativen dazu wären Bilder idealer Kollegen, idealer Geschäftspartner oder idealer Dozenten. Das können tatsächlich existierende Menschen oder Unternehmen sein oder die Idealvorstellung, wie diese aussehen könnten. Auch in der zweiten Übung ist das Bauen und Erzählen wichtiger als etwa ein Ergebnis, das die Realität perfekt widerspiegelt. Der Fokus liegt darauf, der eigenen Vorstellungskraft freien Lauf zu lassen und eine Art dreidimensionale Metapher als Antwort auf die Frage zu schaffen.
- Schritt 2 – Bauen eines Modells: Die Workshopteilnehmer bauen ihr Modell aus LEGO-Steinen als Antwort. Auch für die zweite Übung gibt es keine Beschränkungen bezüglich der Menge und Art der LEGO-Steine. Ein Zeit-rahmen von sechs Minuten bei Verwendung des Window Exploration Bags und acht bis zehn Minuten mit den Bausteinen des Starter Sets ist perfekt, um entspannt und trotzdem konzentriert die eigene Sicht eines idealen Kunden zu

bauen. Der Moderator erlaubt weitere zwei bis drei Minuten, sollte die Mehrheit der Teilnehmer im Flow versunken sein und ihr Modell noch nicht fertiggestellt haben.

• Schritt 3 – Erzählen der Geschichte: Die Workshopteilnehmer stellen einander wieder ihre Modelle vor und verwenden jeweils etwa drei Minuten darauf. Ausnahmslos alle Beteiligten erzählen die Geschichte zu ihrem Modell, alle anderen hören aufmerksam zu. Die Geschichten werden im Vergleich zur ersten Übung persönlicher und konkreter, da es die eigene Vorstellung eines idealen Kunden ist, die erklärt wird. Der Moderator schafft Raum dafür, dass die anderen Teilnehmer Fragen zum Modell formulieren. Das sorgt dafür, dass Teilnehmer weitere erwähnenswerte Details in ihren eigenen Modellen finden und teilen.

• Schritt 4 – Reflexion der Geschichte: Die Workshopteilnehmer reflektieren wieder ihre eigene Geschichte über ihre Idealvorstellung einer Person oder Organisation und die Geschichten der anderen. Wieder zeigen die sehr unterschiedlich gestalteten Idealvorstellungen von Kunden, Kollegen, Partner oder Dozenten, dass bei der gleichen Fragestellung und mit den gleichen Werkzeugen verschiedene Antworten entstehen können und dass das so in Ordnung ist. Die immer gleiche Abfolge an Aktivitäten macht es selbst bei verschwommenen, schwierigen oder gar unangenehmen Themen einfacher, die eigene Sicht auf den Tisch zu bringen.

Der Moderator schließt die zweite Übung ab, indem er betont, wie der mit zwei aufeinander aufbauenden Übungen praktizierte Ablauf dafür sorgen wird, eigene Standpunkte verständlich auszudrücken, bisher unausgesprochene Sichtweisen zu teilen und auf eigenen und fremden Gedanken aufzubauen. Abb. 3.7 zeigt das mit Bausteinen des LEGO® SERIOUS PLAY® Starter Sets gebaute Modell eines idealen Kunden.

3.3 Fälle und Anwendungen

Ein gutes Bespiel für den nachhaltigen Nutzen der Arbeit mit Elementen aus LEGO® SERIOUS PLAY® ist das Schaffen einer gemeinsamen Sicht auf die wichtigsten Kunden einer Organisation. Immer dann, wenn viele Stimmen im Raum sind, die ihre jeweilige Perspektive – die der Produktentwicklung, des Vertriebs, der Forschung, des Marketings, des Controllings, des Managements – mit bester Absicht einbringen, lohnt sich die Arbeit in drei Dimensionen.

Abb. 3.7 Der ideale Kunde aus Sicht eines internen Beraters

Das von den Autoren entwickelte und ausführlich getestete *Customer Jobs Canvas* hat sich zu einem für viele Industrien brauchbaren zweidimensionalen Format entwickelt (Ematinger und Schulze 2018). Es unterstützt Gründer wie Abteilungen etablierter Unternehmen dabei, mit Struktur und Tempo ‚vom Kunden aus' zu denken und Ideen für Produkte und Dienstleistungen weniger von ihren technischen Vorzügen oder Bestandteilen und mehr vom potenziellen Kunden aus zu betrachten. Das Canvas vermittelt unter anderem einen Überblick über

- die funktionalen, emotionalen und sozialen zu erledigenden Aufgaben von Interessenten und Kunden,
- den räumlichen, zeitlichen oder organisatorischen Kontext, in dem sich diese Personen jeweils befinden,
- konkurrierenden Produkte und Dienstleistungen, die Interessenten und Kunden im Moment im Einsatz haben oder hatten,

- die Kräfte und Phänomene, die Kunden zu einem neuen Angebot ziehen oder von einem neuen Angebot abhalten,
- die eindeutigen Nachteile des eigenen Angebotes und den Maßstab für ein gutes Ergebnis aus Sicht der Kunden,

und macht so die Motivation der wichtigsten Kunden zum Kauf eines Produktes oder einer Dienstleistung nachvollziehbarer. Abb. 3.8 zeigt die Struktur des Canvas'.

Die Anzahl der Bausteine des Canvas' und die dahinterliegenden zu beantwortenden Fragen können auf den ersten Blick ohne die Unterstützung erfahrener Moderatoren entmutigend wirken. Der etwas vage Begriff der ‚Aufgabe' von Kunden, im Englischen mit *Job-to-be-Done* bezeichnet, macht es nicht immer einfach, ein gemeinsames Verständnis zu entwickeln und nächste Schritte zu vereinbaren.

Die Autoren greifen deshalb die im Abschn. 2.3 beschriebenen Unternehmen auf und wählen und machen die folgenden drei Bausteine des *Customer Jobs Canvas'* von HEDAKU mithilfe der mit dem Ansatz und den Materialien von LEGO® SERIOUS PLAY® gebauten Modelle ein wenig greifbarer:

- Die emotionalen Aufgaben: Ähnlich wie bei einer aus dem Design Thinking bekannten *Customer Journey* werden die positiven und negativen Emotionen einer Person betrachtet, so gut es eben aus der Position Außenstehender geht. Das genaue Hinsehen auf die positiven oder negativen Empfindungen einer Person im jeweiligen Kontext ist ein wesentlicher Teil der Frage, *warum* Interessenten und Kunden Produkte kaufen, nicht kaufen, oder im Zweifel nichts unternehmen. Das trifft im B2C- ebenso wie im B2B-Segment zu. Gute Beispiele sind „Das Umfeld finde ich anstrengend", „Ich freue mich auf das Meeting" oder „Ich bin vom Management frustriert".
- Die sozialen Aufgaben: Während die emotionalen Aufgaben ausschließlich mit den Empfindungen einer Person bei der Lösung der funktionalen Aufgabe zu tun hat, ist hier die Sicht anderer auf diese Person zentral. Wichtig ist hier die Frage, wie die betrachtete Person in ihrer jeweiligen Rolle in der Organisation – die auch eine Familie oder der Freundeskreis sein kann – von anderen wahrgenommen wird oder werden will. Das können Kunden, Partner, Konkurrenten, wichtige Freunde, Lieferanten oder Soziale Medien sein. „Ich habe den Laden im Griff", „Ich bin die Entscheiderin (und das weiß die ganze Familie)" und „Ich möchte als vorausschauend wahrgenommen werden" sind gute Beispiele dafür.

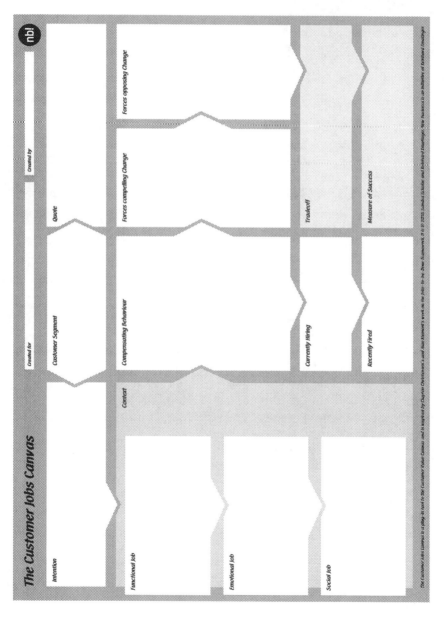

Abb. 3.8 Aufbau des Customer Jobs Canvas'

- Das kompensierende Verhalten: Kunden tun etwas, wovon sie zumindest ahnen, dass das Ergebnis nicht befriedigend sein wird – und Anbieter konkurrieren dadurch mit einem unsichtbaren und unfairen „Wettbewerber". Wann immer kompensierendes Verhalten der wichtigsten Kunden oder deren Notlösungen wahrgenommen werden kann, ist das ein deutliches Signal für ungenutztes Potenzial. Arbeiten Kunden in ihrem jeweiligen Kontext mit großem Aufwand an einer eher mittelmäßigen Lösung, wird ein als nützlicher empfundenes Angebot umso willkommener sein. Reale Beispiele sind „Ich konzentriere mich auf das Tagesgeschäft und plane eben nicht", „Wir kaufen in schlechter aber verfügbarer Qualität ein" und „Ich sende unzählige Mails".

Die emotionale Aufgabe eines Kunden von HEDAKU
Der Gründer erklärt das für ihn wichtigste Kundensegment – private Hundebesitzer mit gutem Einkommen und viel Interesse an seinem Haustier – anhand des Modells so:

> „Das Bild stellt die emotionalen Teile der Aufgaben meiner Kunden als Hundebesitzer dar. Die Minifigur ist in den Farben absichtlich reduziert, er drängt sich nicht in den Vordergrund und ist nicht laut. Die Kopfbedeckung meint, dass er entspannt ist, und irgendwie cool, und er führt seinen Hund ohne Leine. Die beiden verstehen einander wortlos. Die Figur hält Goldmünzen, damit meine ich, dass er bereit ist, Geld in die Hand zu nehmen. Er sieht es als seine Aufgabe, Schlechtes von seinem Tier abzuwenden, das habe ich durch das Gespenst hinter dem Zaun dargestellt. Die Kaffeekanne und die Truhe mit Inhalt symbolisiert, dass er dafür sorgt, dass das Tier ausreichend und mit guter Qualität gefüttert wird. Die goldene und mit Blüten gefüllte Schale meint, dass mein Kunden besonders darauf achtet, dass sein Hund viel Spaß und Abwechslung hat."

Abb. 3.9 zeigt das beschriebene LEGO-Modell.

Die soziale Aufgabe eines Kunden von HEDAKU
Der Gründer beschreibt nochmals das Bild seines wichtigsten Kunden und wie dieser vermutlich von seinem Umfeld wahrgenommen werden möchte:

> „Dieses Modell zeigt den gleichen Kunden wie im ersten Modell. Seine Position und die des Hundes hat sich nicht sehr verändert und der Kaffeebecher in seiner Hand meint, dass sie gerade morgens unterwegs sind. Rechts vom Kunden sind Augen, die ihn beobachten, das sind eigentlich uninteressante aber harmlose Passanten. Daneben steht ein leeres, mit Besen und Kelle und Megaphon gefülltes Monster – das meint die Tierbesitzer, die alles besser wissen. Ein gut durchlässiger Zaun hält die Augen und das Monster aber gut von ihm ab, ohne ihn abzuschirmen. Links von ihm

Abb. 3.9 Die emotionale Aufgabe eines Kunden

sind Freunde, die teilweise auf ihn zugehen, teilweise einfach zusehen. Vor ihm liegt
der Arbeitstag, und Geld liegt auf der Straße, wenn er das Fenster zu seinen heutigen
Aufgaben durchschreitet. Er möchte als jemand wahrgenommen werden, der alles
im Griff hat und sich gut um sein Tier kümmert."

Abb. 3.10 zeigt das beschriebene LEGO-Modell.

Das kompensierende Verhalten eines Kunden von HEDAKU
Der Gründer erklärt sein drittes Modell mit der Darstellung des kompensierenden
Verhaltens seines wichtigsten Kundensegments so:

„Das hier stellt mögliche Kunden dar, die vermutlich nie Kunden werden. Sowohl
der Kunde als auch sein Pferd sind mittlerweile zu Skeletten geworden, sie sind
auf halber Strecke verhungert. Das Ziel wird durch die Blumen am Ende der Leiter
dargestellt, entweder ist es zu hoch positioniert oder irgendetwas hält den Kunden
vom Erreichen der Blumen ab. Das meine ich mit der eigentlich niedrigen grauen
Mauer und der harmlosen Schlange vor der Leiter. Mit dem Modell meine ich, dass

Abb. 3.10 Die soziale Aufgabe eines Kunden

es eigentlich für mich interessante Kunden gibt, die sich vielleicht sogar für mein Produkt interessieren, aber eben nicht in die Hufe kommen. Sie können sich einfach nicht entscheiden, blättern ewig hier, surfen stundenlang da, aber entschließen sich nicht, etwas zu kaufen oder auch nur zu probieren. Für mich lohnt es nicht, ihnen hinterher zu sein, der Aufwand kommt nie wieder rein."

Abb. 3.11 zeigt das beschriebene LEGO-Modell.

3.4   Was Sie davon mitnehmen

Wenn Workshopteilnehmer mithilfe von dreidimensionalen Objekten und mit ihren Händen denken und dabei Umgebung und Zeit vergessen, setzen sie kreative Energien und neue Sichtweisen frei, von denen die meisten Erwachsenen nicht einmal wissen, dass sie sie besitzen. Das Konzept von LEGO® SERIOUS

Abb. 3.11 Das kompensierende Verhalten eines Kunden

PLAY® hilft dabei, sich an diese Fähigkeiten zu erinnern und sie wieder zu aktivieren. Worin besteht also der konkrete Nutzen?

Der Nutzen für Mitarbeiter:

- Die Beteiligten erarbeiten ein gemeinsames Verständnis der Ist-Situation
  einer Organisation und möglicher realistischer Zukunftsszenarien.
- Der eigene Beitrag zum großen Ganzen wird für alle am Tisch deutlich
  sichtbar, und der Beitrag der anderen wird ebenfalls besser verständlich.
- Der Blickwinkel jedes Beteiligten auf die eigene Organisation und ihre
  aktuellen und künftigen Fans, Kunden, Partner und Wettbewerber wird
  erweitert.

Der Nutzen für Führungskräfte:

- Die neu gewonnenen Einblicke können schnell in verständliche Strategien umgesetzt werden, die sofortiges konkretes Handeln möglich machen.
- Das gemeinsame Verständnis der Situation und die gemeinsame Erarbeitung möglicher Lösungen steigert die Bereitschaft aller für die Umsetzung.
- Hierarchien, Abteilungsgrenzen und Silos können spielerisch überwunden werden, da jeder am Tisch eine Stimme hat, die gehört und verstanden wird.

Der Nutzen für Gründer und Inhaber:

- Sowohl die Chancen als auch die Herausforderungen, denen sich eine Organisation im Moment oder künftig stellt, kommen auf den Tisch.
- Die eigene Vision und Mission wird endlich verständlich, und der mögliche Beitrag aller internen und externen Beteiligten zur Umsetzung wird klar.
- Das eigene implizite Wissen wird greifbar und gute Ideen können ohne die übliche Selbstbeschränkung ungehindert aufeinander aufbauen.

Zieldefinition in 3D

4

Mit diesem Abschnitt laden die Autoren Sie nach den ersten Schritten mit LEGO® SERIOUS PLAY® nun ein, dieses Format auf das Formulieren und Kommunizieren von Zielen anzuwenden. Sie können dieses Format anhand der vier vorgestellten Unternehmen noch besser nachvollziehen.

4.1 Probleme und Lösungen

Nicht einmal ein Visionär wie Peter Drucker hätte mit ausreichender Sicherheit voraussagen können, wie umfassend sich sein in den 1950er vorgeschlagener Ansatz von *Management by Objectives* in Unternehmen aller Größen und Branchen durchsetzen wird.

Während allerdings eine 2013 von Mercer Global durchgeführte Studie feststellt, dass 95 % der betrachteten 1.000 Unternehmen individuelle Ziele mit Mitarbeitern vereinbaren, kommt deren 2019 veröffentlichte Studie zu einem anderen, nachdenklich machenden Schluss. Zwar stellten 83 % der befragten 1.100 h-Führungskräfte fest, dass in ihren Organisationen individuelle Ziele mit Mitarbeitern vereinbart werden, aber nur 56 % dieser Organisationen vereinbaren Ziele auf Abteilungsebene. Das bedeutet, so die Autoren, dass etwa die Hälfte dieser Unternehmen Ziele in einem Vakuum festlegt, da die Ziele der Mitarbeiter nicht mit denen von Abteilungen oder gar des Unternehmens verknüpft sind. Die

© Springer Fachmedien Wiesbaden GmbH, ein Teil von Springer Nature 2020
R. Ematinger und S. Schulze, *Spielend Ziele setzen und erreichen,* essentials,
https://doi.org/10.1007/978-3-658-29305-5_4

individuellen Beiträge einzelner für die Entwicklung des Unternehmens wären so nur schwer erkennbar (Mercer 2013 und Mercer 2019).

Dazu kommt, dass die traditionelle Herangehensweise, individuelle Ziele lediglich einmal jährlich und nach den bekannten SMART-Kriterien – *specific, measurable, achievable, realistic, time-bound* – zu formulieren, selten infrage gestellt wird. Die Verbindung zu variablen Gehaltsbestandteilen macht es überdies nicht einfacher, wirklich ambitionierte Ziele zu vereinbaren.

Die Autoren des MIT-Sloan-Beitrages „With Goals, FAST Beats SMART" haben die Prozesse der Zielsetzung von Unternehmen wie Google, Intel und Anheuser-Busch betrachtet (Sull und Sull 2018) und nach eigenen Angaben mehr als 500.000 Zieldefinitionen analysiert. Sie beschreiben in ihrem Artikel die vier FAST-Prinzipien, die ihrer Meinung nach wirklich effektiven Zielsystemen zugrunde liegen:

Erstes Prinzip – *frequently discussed:*

- Definition: Die Ziele sollen regelmäßig diskutiert werden, um Fortschritte festzustellen, Ressourcen zu planen, neue Initiativen zu priorisieren und Raum für Feedback zu schaffen.
- Vorteil: Die Beteiligten fokussieren auf die wichtigsten Aktivitäten, schaffen verbindliche Leitplanken für wichtige Entscheidungen und machen Kurskorrekturen schneller möglich.

Zweites Prinzip – *ambitious:*

- Definition: Die Ziele dürfen, wie in den Abschn. 2.1 und 2.3 besprochen, ambitioniert und fordernd gestaltet sein, allerdings müssen sie auch mit ein wenig Anstrengung erreichbar sein.
- Vorteil: Die Beteiligten setzen ihre Ziele nicht zu niedrig an, wie es bei der Verbindung mit monetären Anreizen üblich ist, sondern finden auch Wege, um hohe Ziele zu erreichen.

Drittes Prinzip – *specific:*

- Definition: Die Ziele sollen spezifisch und klar umrissen sein, da sie nur so signalisieren können, welches Ergebnis von wem erwartet wird und wie der bisherige Fortschritt aussieht.
- Vorteil: Die Beteiligten müssen die Erwartungen an sich nicht erraten und können ohne großen Aufwand überprüfen, was für sie und andere funktioniert und wo es Kurskorrekturen braucht.

Viertes Prinzip – *transparent:*

- Definition: Die Ziele und der Fortschritt sollen innerhalb der Organisation für alle jederzeit transparent sein, um die Verbindung zur Vision zu erkennen und Synergien zu schaffen.
- Vorteil: Die Beteiligten können neben ihrem eigenen Beitrag zu den Unternehmenszielen auch die der anderen Teams verstehen und redundante Aktivitäten identifizieren.

Diese Prinzipien unterstützen neben mittleren und großen Organisationen unterschiedlicher Industrien auch Gründer beim Definieren der eigenen Ziele, das die Autoren in den Abschn. 2.3 und 4.3 beschreiben. Das Konzept von Objectives and Key Results hilft in Verbindung mit den FAST-Prinzipien dabei, diese kurzfristigen Ziele mit korrespondierenden Ergebnissen zu versehen und überprüfbar zu machen.

4.2   So wird Ihr Start gelingen

Die Autoren sprechen Sie, wie im Abschn. 3.2 bereits geschehen, primär in Ihrer Rolle als Moderator oder Coach an, der Klienten beim Definieren ihrer Ziele unterstützt. Wollen Sie das Konzept von Objectives and Key Results mit LEGO® SERIOUS PLAY® als Werkzeug für sich selbst und Ihre eigene Idee anwenden, gilt die gleiche Vorgehensweise. Sie leiten sich in diesem Fall selbst durch den Prozess und dokumentieren die Ergebnisse.

Verwenden Sie pro Person am besten eines der LEGO® SERIOUS PLAY® Starter Sets mit der Bestellnummer 2000414. Um die Modelle sicher zu bauen und aufzubewahren, empfehlen die Autoren, auf stabilen Platten zu bauen. Die Bauplatten der Größe 8 × 16 mit den Elementnummern 4610353 (grün) oder 4609726 (grau) eignen sich gut für kleine Modelle, Bauplatten der Größe 16 × 16 mit den Elementnummern 6004927 (grau) oder 4611414 (beige) passen perfekt für größere Modelle.

Zum Schaffen einer sicheren Umgebung, in der entspanntes Bauen und Erklären möglich ist, hat sich der folgende Rahmen aus diesen sieben Punkten als brauchbar herausgestellt:

- Der Prozess des Bauens ist wichtiger als ein besonders aufwendig gestaltetes Modell. Es geht darum, eine Art dreidimensionale Metapher als Antworten auf die Frage nach den Zielen zu schaffen.

- Das Ergebnis des Bauens muss offen sein dürfen und als Moderator formulieren Sie außer einem Zeitlimit keine Restriktionen. Der eigenen Vorstellungskraft darf freien Lauf gelassen werden.
- Sorgen Sie für ungestörte Zeit und volle Konzentration während des Bauens. Zwischen Tür und Angel entstehen keine besonders guten Modelle und Geschichten. Stoppen Sie bei Ablenkung den Prozess.
- Wenn Sie oder Ihr Klient nicht wissen, was genau Sie in welchem Umfang und mit welchen Steinen bauen sollen, beginnen Sie einfach zu bauen. Denken Sie nicht groß über das spätere Ergebnis nach.
- Funktionalität ist nicht so wichtig. Mit der erzählten Geschichte bekommen die zum Modell zusammengefügten Steine eine Bedeutung für Sie und die anderen, auch wenn das Modell nicht perfekt ist.
- Wenn Sie den Prozess moderieren, fragen Sie „in Richtung des Modells" und nicht die Person, wenn Ihnen etwas nicht klar ist. Die Geschichte zum Modell ist wichtig und nicht etwa die Absicht der Person.
- Alles, was gebaut wurde, wird erklärt. Das bedeutet auch, dass alles, was nicht gebaut wurde, zu diesem Zeitpunkt keinen Platz in der Geschichte zum Modell hat und vermutlich vom Thema ablenkt.

Der im Abschn. 3.2 beschriebene Kernprozess gibt auch hier einen brauchbaren Rahmen und leitet durch die nächsten Schritte der Zieldefinition:

- Schritt 1 – Formulieren der Frage: Die Aufgabe lautet, aus den verfügbaren Bausteinen jeweils ein Bild eines Zieles des nächsten Quartals zu bauen. Beispiele von Zielen der drei Unternehmen HEDAKU, BRNHLD, AVATAR und VISUAL finden Sie im Abschn. 2.3.
- Schritt 2 – Bauen eines Modells: Ihr Klient oder Sie bauen ihre Modelle aus LEGO-Steinen als Antwort auf die Frage nach dem ersten, zweiten und dritten Ziel. Bilder von Modellen der Unternehmen HEDAKU, BRNHLD, AVATAR und VISUAL finden Sie im Abschn. 4.3.
- Schritt 3 – Erzählen der Geschichte: Ihr Klient stellt seine drei Modelle vor und nimmt sich so viel Zeit, wie er möchte. Als Moderator hören Sie aufmerksam zu. Erklärungen der Modelle der Unternehmen HEDAKU, BRNHLD, AVATAR und VISUAL finden Sie im Abschn. 4.3.
- Schritt 4 – Reflexion der Geschichte: Ihr Klient reflektiert zusammen mit Ihnen seine eigene Geschichte zu den drei Modellen, die seine Ziele repräsentieren. Ihre Fragen helfen, wichtige Details in den Modellen zu finden und in weiterführende Gedanken zu „übersetzen".

Die Autoren empfehlen, die LEGO-Modelle solange zu behalten, bis die aktuelle Periode der Zielsetzung und Überprüfung abgeschlossen ist. Sorgen Sie dafür, dass sie zusätzlich von mehreren Seiten fotografiert werden. Die im folgenden Kapitel dokumentierten Erklärungen der Modelle geben einen Eindruck, wie der Umfang einer Beschreibung aussehen könnte. Die Autoren nutzen die unter iOS und Android laufende App „Just Press Record" zur Dokumentation, da sie die gesprochenen Erklärungen der LEGO-Modelle in wenigen Sekunden automatisch transkribiert und neben der Audioaufnahme eine zumindest einigermaßen gut lesbare schriftliche Form liefert.

4.3 Fälle und Anwendungen

Die Autoren greifen die im Abschn. 2.3 skizzierten Beispiele realer Zieldefinitionen der Unternehmen HEDAKU, BRNHLD, AVATAR und VISUAL auf und besprechen die jeweiligen Objectives mithilfe der mit dem Ansatz und den Materialien von LEGO® SERIOUS PLAY® gebauten Modelle.

Da die Unternehmen und deren Anwendung von Objectives and Key Results anonymisiert sind, stellen die Abbildungen lediglich jeweils eines der drei Objectives in Form eines Modells aus dem aussagekräftigsten Blickwinkel dar. Die Modelle wurden von ihren Erbauern selbst interpretiert, wobei die Autoren den Originalton etwas glätteten, ohne den Sinn der Aussagen zu verändern.

Das Ziel von HEDAKU
Aus den drei Objectives (Ein solider organisatorischer Rahmen ist geschaffen, eine spannende Marke ist vorbereitet, ein „likeable" Produkt ist entworfen) haben die Autoren und der Gründer das dritte Ziel gewählt. Dieser erklärt das Modell so:

> „Das hier stellt mein Objective – ein „likeable" Produkt ist entworfen – dar: Die Minifigur, die mich darstellt, freut sich tierisch, stößt mit einer Tasse auf das erreichte Ziel an und hat Düsen an den Füßen, die für besonderen Antrieb stehen. Das Megaphon steht für die nächsten wichtigen Aktivitäten, das ist die Kommunikation meine Angebotes. Die der Figur nächstliegende Schale ist mit Blumen gefüllt, die für das Naheliegende stehen – die erwarteten positiven Kommentare der künftigen Kunden. Die etwas weiter entfernte und mit Münzen und Goldbarren gefüllte Schale steht für den übernächsten Schritt – die Übersetzung von Likes in Social Media zu Käufen im richtigen Leben. Die absichtlich hoch hängende Krone symbolisiert die Ziele, die ich für die nächsten Quartale plane, das sind glückliche Kunden, die meine Geschichte gerne weitererzählen."

Abb. 4.1 zeigt das beschriebene LEGO-Modell.

Das Ziel von BRNHLD
Aus den drei Objectives (Wir haben viel Freude an unseren Themen, alle The-
men sorgen für gute Erlöse, wir werden wahrgenommen) haben die Autoren in
Abstimmung mit dem Berater das dritte Ziel gewählt. Der erklärt sein Modell so:

> „Dieses Bild zeigt mein Objective „Wir werden wahrgenommen": Die drei Mini-
> figuren stellen begeisterte Kunden und Leser und Konsumenten dar, vielleicht auch
> treue Fans. Sie sehen ganz verscheiden aus und können Unternehmer sein, Konzern-
> mitarbeiter, oder auch Berater, Moderatoren und Trainer. Sie sind teils in Bewegung,
> wie die Figur mit dem blauen Käppchen, oder haben es sich bequem gemacht. Das
> bedeutet, sie nehmen sich Zeit, um unseren Inhalt zu konsumieren, vielleicht gar

Abb. 4.1   Die Antwort „Ein ‚likeable' Produkt ist entworfen"

weiterzudenken, jedenfalls klicken sie nicht zwischen Tür und Angel auf „gefällt mir", sondern setzten sich wirklich damit auseinander. Ich bin die Figur ganz in weiß, und das meint, dass nicht die Person wichtig ist, sondern der Inhalt und die Botschaft. Ich gehe auf die Kunden zu. Hinter mir sitzt eine Eule, das steht für meinen Anspruch. Mit den beiden albernen Enten meine ich, dass es auch Spaß machen darf, meinen Kunden und mir."

Abb. 4.2 zeigt das beschriebene LEGO-Modell.

Das Ziel von AVATAR

Aus den drei Objectives (Ein alternativer Lieferant ist gefunden, meine Marketingstrategie ist entworfen, ich habe Spaß mit meinen Kunden) hat der Inhaber ebenfalls das dritte Ziel ausgewählt. Er erklärt sein Modell so:

„Das Modell stellt das Ziel „ich habe Spaß mit meinen Kunden" dar: Die Torte steht für mein Produkt, das ich erkläre, und die Blumen meinen, dass ich den Kunden ein

Abb. 4.2 Die Antwort „Wir werden wahrgenommen"

Abb. 4.3 Die Antwort „Ich habe Spaß mit meinen Kunden"

Blumenbeet bereite, auf dem sie sich bewegen können. Aus diesem Miteinander, dem Interesse aneinander, kann etwas Gemeinsames wachsen. Dafür steht dieser Baum – für die Kundenbeziehung, auch den Produktverkauf, aber primär für eine Beziehung, die für beide Seiten von Vorteil ist. Die unterschiedlichen Köpfe stehen für die vielen Kunden aus unterschiedlichen Bereichen, und auch für meine Fähigkeit, auf die unterschiedlichen Bedürfnisse einzugehen. Ich muss in der Lage sein, diese Bedürfnisse zu erkennen, benennen zu können und meine Kommunikation darauf auszurichten. Ich verkaufe nicht mein Produkt, sondern eine Bedürfnisbefriedigung. Wenn die Kunden sich da abgeholt fühlen, kaufen sie auch mein Produkt."

Abb. 4.3 zeigt das beschriebene LEGO-Modell.

Das Ziel von VISUAL

Aus den drei Objectives (ich entdecke neue Geschäftsfelder, meine Veröffentlichungen verdienen Geld, ich gehe nächste technologische Schritte.) haben die

Autoren und die Geschäftsleiterin das erste Ziel gewählt. Sie erklärt ihr Modell
so:

> „Diese Werk zeigt mein Objective „ich entdecke neue Geschäftsfelder": Dieses
> kleine Männchen bin ich, erkennbar an den blonden Haaren und dem riesengro-
> ßen Lachen –man sieht, dass ich so richtig Freude daran habe. Ich halte ein Fern-
> glas in der Hand, ich schaue die Leinwand, auf die neuen Geschäftsfelder. Sie zeigt
> ein wenig Wunderzunder und damit ein Stück Poesie, aber auch Zahnräder, die
> ineinandergreifen und für die Weiterentwicklung stehen. Die Blume steht für Ent-
> faltung, und das andere Gewächs symbolisiert Wachstum. Die beiden Könige sind
> ein Symbol für mehrere Kunden. Das Boot hat einen Propeller und mit Schwung
> reite ich sozusagen auf einer Welle und steuere direkt auf die Leinwand zu. Hier

Abb. 4.4 Die Antwort „Ich entdecke neue Geschäftsfelder"

vorne sieht man eine Hündin, die einen Hotdog am Rücken trägt, und vielleicht hat sie und meine Comics von ihr etwas damit zu tun. Geld verdiene ich damit auch, das zeigen diese Münzen, weil ich diese neuen Felder entdeckt habe."

Abb. 4.4 zeigt das beschriebene LEGO-Modell.

4.4   Was Sie davon mitnehmen

Die Verbindung von Objectives and Key Results mit dem aktivierenden Ansatz von LEGO® SERIOUS PLAY® macht aus den manchmal vagen Themen rund um die eigenen Ziele etwas Greifbares und Umsetzbares, aus dem Ergebnisse und Aktivitäten einfacher abgeleitet werden können. Worin besteht der konkrete Nutzen?

Der Nutzen für Mitarbeiter:

- Der individuelle Beitrag wird deutlicher sichtbar als bei der Arbeit mit zwei Dimensionen und bleibt auch länger im Gedächtnis.
- Bisher zwischen den Zeilen verborgene Themen rund um die eigenen Ziele und die der Organisation kommen endlich auf den Tisch.
- Die in 3D gebaute Sicht der „Übersetzung" der Unternehmensvision in konkrete Ziele lädt andere zur Diskussion ein.

Der Nutzen für Führungskräfte:

- Das Fokussieren auf die wichtigsten Themen ohne Ablenkung ist in der Arbeit mit LEGO SERIOUS PLAY „eingebaut".
- Ein vollständiges Bild der Sichtweise des ganzen Teams entsteht, da alle Beteiligten eine Stimme haben und gehört werden.
- Ein gemeinsamer Blick auf die Ziele steigert die Bereitschaft aller Beteiligten, zur Umsetzung auch tatsächlich beizutragen.

Der Nutzen für Gründer und Inhaber:

- Die eigenen kurzfristigen Ziele und Ergebnisse werden bewusster wahrgenommen, wenn sie als 3D-Bild manifestiert sind.
- Lücken und lose Enden werden im Laufe des Bauens und Erzählens deutlicher als bei der Arbeit mit zwei Dimensionen.
- Die Umsetzung mit LEGO® SERIOUS PLAY® sorgt dafür, dass die Ziele beinahe automatisch ständig im Blickfeld sind.

Retrospektive in 3D

5

Mit diesem Abschnitt laden die Autoren Sie nach der Zielformulierung mithilfe von LEGO® SERIOUS PLAY® nun ein, dieses Format auf eine Retrospektive anzuwenden. Sie können dieses Format anhand der vier in Abschn. 2.3 und 4.3 besprochenen Unternehmen noch besser nachvollziehen.

5.1 Probleme und Lösungen

Die Einladung zu einer Retrospektive löst zur falschen Zeit am falschen Ort oft Ratlosigkeit im Team aus, da zu viele dieser Treffen im Umfeld des agilen Projektmanagements und von Scrum und Sprints als zeitraubend und wenig hilfreich empfunden werden. Warum ist das so? Die Autoren identifizieren drei Gründe:

- Echter Fokus und echte Beteiligung fehlen: Das Team diskutiert Themen, für die aus gutem Grund in diesem Format keinen Platz vorgesehen ist. Der straffe Zeitrahmen sorgt zusätzlich dafür, dass die tatsächlich wichtigen Themen keinen Platz mehr auf der Agenda finden. Hinzu kommt, dass Teammitglieder dem Treffen entweder fernbleiben oder teilnehmen, jedoch ihre Sicht auf mögliche Hürden und aufgetretene Probleme nicht einbringen.
- Echte Erkenntnisse fehlen: Die ursprünglich brauchbare Idee der Zeitbeschränkung steht besonders dann im Weg, wenn es darum geht, Themen auf den Grund zu gehen. Die Gefahr besteht darin, Symptome zu sammeln und an der Oberfläche zu „lösen" versuchen. Antworten ohne Faktenbasis und Vereinbarung von Maßnahmen ohne Verständnis für die hinter den Symptomen liegenden Themen führen kaum zu nachhaltigen Lösungen.

© Springer Fachmedien Wiesbaden GmbH, ein Teil von Springer Nature 2020
R. Ematinger und S. Schulze, *Spielend Ziele setzen und erreichen*, essentials,
https://doi.org/10.1007/978-3-658-29305-5_5

- Echte Umsetzung fehlt: Auch wenn Konsens über die anzupackenden Themen herrscht, werden die Lösungsvorschläge selten konkret. Veränderung kann dann beginnen, wenn es ein gemeinsames Verständnis über die Notwendigkeit und Dringlichkeit gibt, und definierte Maßnahmen werden dann umgesetzt, wenn das Aufrechterhalten des Status Quo unangenehmer ist als der Aufbruch zu neuen und möglicherweise ungewissen Ufern.

Die Notwendigkeit, hin und wieder aus dem laufenden Betrieb auszusteigen, innezuhalten und sich und einander Zeit zu geben, ist unbestritten. Für Antworten auf Fragen, was man besser machen könnte und wie man etwas besser machen könnte, braucht es eine Art Hubschrauberperspektive. Genau das ist der Zweck einer Retrospektive: Ein regelmäßiger Austausch, der „abseits" der in den Reviews vorgenommenen Messungen der Key Results stattfinden darf.

Auch für Gründer und Unternehmer, die alleine arbeiten, ist der erwähnte Ausstieg aus dem laufenden Betrieb sinnvoll: Fragen des Miteinanders sind nicht notwendigerweise auf die eigene Organisation beschränkt, sondern schließen Geschäftspartner wie Lieferanten und Kunden ein. Das nicht unmittelbar beeinflussbare Umfeld wie die Öffentlichkeit, Presse, Blogger sowie analoge und digitale Influencer sollten ebenfalls Teil einer solchen Betrachtung sein, genauso wie die eigene Reaktion auf eventuelle für das eigene Angebot wichtige Trends, ein verändertes Kundenverhalten oder mögliche Wettbewerber am Horizont.

Gerade dann, wenn es wenig Routine und viel Neues und Ungewohntes zu verarbeiten gibt, lohnen sich Antworten zu diesen Themen:

- Was ist in den letzten drei Monaten passiert?
- Wie ist meine generelle Stimmung?
- Was ist mir besonders gut gelungen?
- Was kann ich eventuell besser machen?

Die Retrospektive ist ein Raum, um Fragen wie diese wertfrei zu beantworten oder zumindest zu konkretisieren. Resultate sind nicht so wichtig – Fakten haben Platz in den Reviews der jeweiligen Ziele und Ergebnisse. Dafür sind die aus gängigen Foren, Beiträgen und Büchern hinlänglich bekannten Ratschläge für die „richtigen" Formate und Orte nicht immer brauchbar. Eine Retrospektive, die ohne feste Agenda und abseits der üblichen Konferenzraum-Atmosphäre geschieht, ist vermutlich sinnvoller als der immer wieder gleiche Plan pro Woche oder Quartal.

Diese Gedanken wollen die Autoren nicht nur mittleren und großen Organisationen auf den Weg geben, sondern auch Gründern und Unternehmern – und die sie unterstützenden Moderatoren und Coaches. Das Konzept von Objectives and

Key Results lebt nicht nur vom regelmäßigen Setzen von Zielen und Überprüfen von Ergebnissen, sondern auch vom regelmäßigen Ausstieg zur Reflektion der eigenen Arbeit. Beispiele dafür werden Sie im Abschn. 5.3 finden.

5.2 So wird Ihr Start gelingen

Die Autoren sprechen Sie, wie in den Abschn. 3.2 und 4.2, primär in Ihrer Rolle als Moderator oder Coach an, der Klienten beim Definieren ihrer Ziele unterstützt. Wollen Sie das Konzept von Objectives and Key Results mit LEGO® SERIOUS PLAY® als Werkzeug für sich selbst und Ihre eigene Idee anwenden, gilt die gleiche Vorgehensweise. Sie leiten sich in diesem Fall selbst durch den Prozess und dokumentieren die Ergebnisse.

Die im Abschn. 4.2 vorgeschlagenen Materialien an Bausteinen und Platten eignen sich auch für diese Aktivität bestens, und der im selben Abschnitt besprochene Rahmen ist auch hier hilfreich. Der bereits beschriebene Kernprozess gibt auch hier einen brauchbaren Rahmen und leitet durch die nächsten Schritte der Zieldefinition:

- Schritt 1 – Formulieren der Frage: Die Aufgabe lautet, aus den verfügbaren Bausteinen eine Frage zu beantworten, die dem persönlichen Blick auf das zu Ende gehende Quartal und der eigenen Einschätzung dazu entspricht. Beispiele für Fragen finden Sie im Abschn. 5.3.
- Schritt 2 – Bauen eines Modells: Ihr Klient oder Sie bauen ihre Modelle aus LEGO-Steinen als Antwort auf die formulierte Frage im Rahmen von weniger als 10 min. Bilder von Modellen der Unternehmen HEDAKU, BRNHLD und AVATAR finden Sie im folgenden Kapitel.
- Schritt 3 – Erzählen der Geschichte: Ihr Klient stellt sein Modell vor und nimmt sich so viel Zeit, wie er möchte. Als Moderator hören Sie wieder aufmerksam zu. Erklärungen der Modelle der Unternehmen HEDAKU, BRNHLD, AVATAR und VISUAL finden Sie ebenfalls im Abschn. 5.3.
- Schritt 4 – Reflexion der Geschichte: Ihr Klient reflektiert zusammen mit Ihnen seine eigene Geschichte zu dem Modell, das seinen Blick in den Rückspiegel repräsentiert. Ihre Fragen helfen, wichtige und bisher unausgesprochene Details im Modell zu finden und zu formulieren.

Die Autoren empfehlen auch hier, das LEGO-Modell solange zu behalten, bis die aktuelle Periode der Zielsetzung und Überprüfung abgeschlossen ist. Sorgen Sie dafür, dass es zusätzlich von mehreren Seiten fotografiert wird.

5.3   Fälle und Anwendungen

Die Autoren greifen nochmals die in den Abschn. 2.3 und 4.3 besprochenen Beispiele der Unternehmen HEDAKU, BRNHLD, AVATAR und VISUAL auf und
präsentieren die Ergebnisse der Retrospektive. Diese erste Runde einer Retrospektive zum Ende des Quartals soll mithilfe der dreidimensionalen Modelle eine
der folgenden Fragen beantworten:

- Hilft mir der OKR-Ansatz oder steht er nur im Weg?
- Was fiel mir im Verlauf des Prozesses besonders auf?
- Wie haben wir unsere Zusammenarbeit wahrgenommen?
- Welche Veränderung ist besonders deutlich?
- Waren die vereinbarten Objectives ambitioniert genug?
- Waren die abgeleiteten Key Results wirklich aussagekräftig?
- Was ist „nachher" besser als „vorher"?
- Was habe ich heute erfahren, was völlig neu war?
- Was nehme ich für mich für die nächste Runde mit?
- Womit können wir morgen beginnen?

Die Abbildungen stellen die jeweilige Antwort in Form eines Modells aus dem
aussagekräftigsten Blickwinkel dar. Wieder wurden die Modelle von ihren
Erbauern persönlich interpretiert, wobei die Autoren den Originalton etwas glätteten.

Die Retrospektive von HEDAKU

Der Gründer hat sich die Frage „Was ist ‚nachher' besser als ‚vorher'?" gestellt
und beantwortet. Er erklärt sein LEGO-Modell so:

> „Die Minifigur auf der gelben Plattform stellt mich dar. Die Blume auf dem Kopf
> steht für viele gute Ideen, die ich umzusetzen versuche, und der Besen für die
> Arbeit, die vor mir liegt. Ich bin gut gelaunt, die Beinhaltung der Figur zeigt, dass
> es voran geht. Auf der roten Plattform bewegen sich Skelette, die mit ausgestreckten
> Armen nach mir greifen. Damit meine ich die viele Themen, die mich ablenken. Die
> Ablenkungen kommen cool daher – daher die umgedrehten roten Mützen – und sind
> leider meistens spannend. Ich bin auch nicht direkt in ihrem Blickfeld, die Skelette
> haben mich nicht direkt im Visier. Sie können mich auch dank meiner Vereinbarung
> von Zielen mit mir selbst nur über eine kleine Brücke erreichen, die mit einem Auge
> versehen ist. Das Auge steht für eine Art Wachsamkeit von OKR, die dafür sorgt, die
> Ablenkungen rechtzeitig zu entdecken, bevor sie über die Brücke gelangen."

Abb. 5.1 Die Antwort auf die Frage nach dem „Vorher" und „Nachher"

Abb. 5.1 zeigt das beschriebene LEGO-Modell.

Die Retrospektive von BRNHLD
Der Berater hat die Frage nach einer besonders auffälligen Veränderung
beantwortet und erklärt sein Modell so:

> „Das Gespenst und sein totes Pferd sind keine Bedrohung mehr – sie stehen für die
> vielen Themen, die man angehen könnte, aber in Wirklichkeit eher eine Last als
> eine Chance sind. Sie sehen auf den ersten Blick niedlich aus, so wie das eigentlich
> freundliche Gespenst, sorgen aber dafür, dass die eigene und fremde Wahrnehmung
> verschwommen ist, und nicht klar und eindeutig. Der Roboter hat es sich auch
> bequem gemacht und sitzt tatenlos rum. Er steht für allerlei Technisches, das nicht
> meine Kernkompetenz ist und vermutlich auch nie sein wird. Ich befinde mich auf
> der Leiter und gehe sozusagen die ersten Schritte in Richtung eines klaren Fokus'.
> Die rote Teekanne signalisiert, dass ich dabei entspannt bin. Das grüne Seil ver-
> bindet mich mit der Realität. Es ist keine Sicherung, sondern erdet mich und sorgt
> dafür, dass auch das künftige Thema nicht fern der Realität meiner Zielgruppen ist."

Abb. 5.2 zeigt das beschriebene LEGO-Modell.

Abb. 5.2   Die Antwort auf die Frage nach der auffälligsten Veränderung

Die Retrospektive von AVATAR
Der Inhaber hat die Frage nach dem Nutzen des OKR-Prozesses beantwortet und
erklärt sein Modell so:

> „Dadurch, dass ich mir vor drei Monaten diese Ziele setzte und diese auch ver-
> schriftlicht vor Augen hatte – konkretisiert und zusammengedampft in kurzen
> Sätzen – sind wie ein Bild im Kopf abgespeichert. Das ist nichts, was ich ständig
> durchlesen oder an die Wand kleben muss. Die Ziele kann ich mir merken, die sind
> in meinem Kopf. Das hat das Orientieren und Verfolgen sehr konkret gemacht und.
> Es sind wenige Ziele, sehr konkret, präzise und sehr kurz. Die mich umgebenden
> Skelette stehen dafür, dass ich im Kundenkontrakt sozusagen zum Kern der Sache
> vorgedrungen bin, zum Wesentlichen, zur Basis. Ich stehe in diesem Bild auf einem
> Netz: Ich habe es in drei Monaten geschafft, ein Netzwerk aufzubauen und die Kun-
> den untereinander zu vernetzen. Sie telefonieren miteinander und geben sich gegen-
> seitig Feedback. Das habe ich in drei Monaten geschafft."

Abb. 5.3   Die Antwort auf die Frage nach dem Nutzen des Prozesses

Abb. 5.3 zeigt das beschriebene LEGO-Modell.

Die Retrospektive von VISUAL
Die Geschäftsleiterin hat die Frage beantwortet, wobei ihr der OKR-Ansatz
besonders half, und erklärt ihr Modell so:

„Mir fiel im Laufe des Prozesses auf, dass es mir enorm hilft, Zwischenschritte zu
definieren. Das Bild zeigt drei Schritte, die wir ausgearbeitet haben. So konnte ich
dann von einer Aufgabe zur nächsten gehen, ein Schritt nach dem anderen. Das
hat mir die Angst genommen, dass ich zu viele Aufgaben auf einmal habe und den
Überblick verliere, was zu tun ist. Dafür steht dieses Gespenst, hier auf der Brücke.
Die Dame, das bin ich, hat gerade den zweiten Schritt erreicht und hält ein Klemm-
brett in der Hand – das steht für die To-do-Liste. Der dritte Schritt, ganz am Ende,
zeigt, dass es sich wirklich gelohnt hat. Das Männchen ist der OKR-Berater, der
hat richtig Ahnung und Erfahrung mit dem Thema. Das symbolisiert der Hut – der

Abb. 5.4   Die Antwort auf die Frage nach der Unterstützung

  Berater hat sozusagen den Hut auf. Die Pflanze am Ende dieser Treppe steht für
  mein Wachstum."

Abb. 5.4 zeigt das beschriebene LEGO-Modell.

5.4   Was Sie davon mitnehmen

Die LEGO-Modelle machen die eigene Sicht auf das, was im letzten Quartal geschehen ist, was gut und weniger gut gelungen ist und was daraus für die
nächsten Monate gelernt wurde, greifbar und damit bearbeitbar. Worin besteht der
konkrete Nutzen?

Der Nutzen für Mitarbeiter:

- Die eigene Position wird verständlicher als bei der Arbeit mit zwei Dimensionen und bleibt länger im Gedächtnis.
- Eventuelle Missverständnisse und unklare Verantwortlichkeiten in den Abläufen kommen auf den Tisch.
- Die in 3D gebaute Sicht auf die Zusammenarbeit im vergangenen Quartal lädt andere zum Dialog ein.

Der Nutzen für Führungskräfte:

- Das Fokussieren auf die wichtigsten Themen ohne Ablenkung ist in der Arbeit mit LEGO® SERIOUS PLAY® „eingebaut".
- Das Bauen und Erzählen stärkt das Teamgefühl, da alle Beteiligten eine Stimme haben und gehört werden.
- Ein gemeinsamer Blick auf die aktuelle Stimmung steigert die Bereitschaft der anderen, zur Veränderung beizutragen.

Der Nutzen für Gründer und Inhaber:

- Die eigene Rückblick und mögliche Ausblick wird bewusster wahrgenommen, wenn er als 3D-Bild manifestiert ist.
- Lücken und lose Enden werden im Laufe des Bauens und Erzählens deutlicher als bei der Arbeit mit zwei Dimensionen.
- Die Umsetzung mit LEGO® SERIOUS PLAY® sorgt dafür, dass die Erinnerung zur Verbesserung im Blickfeld bleibt.

Anstelle einer Zusammenfassung

6

Mit diesem Buch möchten die Autoren Sie dabei unterstützen, Ihre ersten Schritte mit der sinnvollen Verbindung von Objectives and Key Results und LEGO® SERIOUS PLAY® zu unternehmen. Warum?

Weil wir glauben, dass Objectives and Key Results einen unmissverständlichen Fokus für einen überschaubaren Zeitraum schaffen und die Brücke von der Unternehmensvision zu den notwendigen Aktivitäten schlagen.

Weil wir glauben, dass LEGO® SERIOUS PLAY® bisher eher verschwommene Themen endlich greifbar macht und enorm dabei hilft, den eigenen Standpunkt auszudrücken und sich und andere besser zu verstehen.

Weil wir glauben, dass die intelligente Verbindung dieser Ansätze dabei unterstützt, ihre Ziele und die damit verbundenen Fragen und Antworten auf den Tisch zu bringen und eine gemeinsame Sicht zu schaffen.

Es gibt dabei kein Falsch und Richtig. Nur ein Hilfreich. Verwenden Sie das, was Ihnen nützt, modifizieren Sie das, was Ihnen noch nicht passend erscheint, und legen Sie los. „Leg godt!", spielen Sie gut!

© Springer Fachmedien Wiesbaden GmbH, ein Teil von Springer Nature 2020
R. Ematinger und S. Schulze, *Spielend Ziele setzen und erreichen,* essentials,
https://doi.org/10.1007/978-3-658-29305-5_6

Was Sie aus diesem *essential* mitnehmen können

- Vorschläge eines Vorgehens, das die Arbeit mit Objectives and Key Results greifbar macht und wichtige Themen auf den Tisch bringt.
- Reale und aktuelle Beispiele, die Ihnen brauchbare Impulse für die „Übersetzung" in Ihre Realität und Multiplikation des Ansatzes geben.
- Brauchbare Hinweise in den „Was Sie davon mitnehmen"-Kapiteln, die Sie beim Transfer in Ihre Organisation unterstützen.

© Springer Fachmedien Wiesbaden GmbH, ein Teil von Springer Nature 2020
R. Ematinger und S. Schulze, *Spielend Ziele setzen und erreichen,* essentials,
https://doi.org/10.1007/978-3-658-29305-5

Literatur

Alberti, Marco, und Korbinian Riedl. 2019. *Agile Führung mit OKR*. Hannover: Yeebase Media.

Csíkszentmihályi, Mihaly. 2010. *Flow – Der Weg zum Glück*. Freiburg: Herder.

Derby, Esther, und Diana Larsen. 2006. *Agile retrospectives – Making good teams great*. Dallas: The Pragmatic Bookshelf.

Doerr, John. 2018. *Measure what matters*. New York: Penguin Random House.

Doran, George. 1981. There's a S.M.A.R.T. way to write management's goals and objectives. In *Management review*, Hrsg. Anthony Rutigliano, 35–26. New York: American Management Association.

Ematinger, Reinhard, und Sandra Schulze. 2012. Service Design Thinking – angewandt! Wie Organisationen mit LEGO® SERIOUS PLAY® Kunden und Märkte entdecken. In *Jahrbuch der Kreativität*, Hrsg. Jürgen der Preiss, 163–177. Köln: Gesellschaft für Kreativität.

Ematinger, Reinhard, und Sandra Schulze. 2018. *Produkte und Services vom Kunden aus denken*. Wiesbaden: Springer Gabler.

Gray, Doug. 2019. *Objectives + Key Results (OKR) leadership*. Franklin: Gray Publications.

Grove, Andrew. 1983. *High output management*. New York: Penguin Random House.

Hammer, Michael, und Steven Stanton. 1995. *The reengineering revolution – A handbook*. New York: HarperCollins.

Heracleous, Loizos, und Claus Jacobs. 2011. *Crafting strategy*. Cambridge: Cambridge University Press.

Kim, W.Chan, und Renée Mauborgne. 2005. *Blue ocean strategy – How to create uncontested market space and make the competition irrelevant*. Boston: Harvard Business School Press.

Klau, Rick. 2013. How Google sets goals: OKRs. www.youtu.be/mJB83EZtAjc. Zugegriffen: 1. Oct. 2019.

Lichti, Constantin. 2017. Herzstück der OKR Methode – mit dem OKR Zyklus von der Vision zur sichtbaren Strategieumsetzung. www.workpath.com/magazine/von-der-vision-zur-sichtbaren-strategieumsetzung-der-okr-prozess. Zugegriffen: 1. Oct. 2019.

Locke, Edwin. 1968. Toward a Theory of Task Motivation and Incentives. www.sciencedirect.com/science/article/pii/0030507368900044?via%3Dihub. Zugegriffen: 1. Dez. 2019.

© Springer Fachmedien Wiesbaden GmbH, ein Teil von Springer Nature 2020
R. Ematinger und S. Schulze, *Spielend Ziele setzen und erreichen,* essentials,
https://doi.org/10.1007/978-3-658-29305-5

Luspai, Valentina. 2019. Der Blick hinter die Fassade – Die Retrospektive. www.borisglo-ger.com/blog/2019/01/31/der-blick-hinter-die-fassade-die-retrospektive. Zugegriffen: 1. Dez. 2019.

Mercer, Hrsg. 2013. *2013 Global performance management survey report*. New York: Mercer.

Mercer, Hrsg. 2019. 2019 Global performance management survey. www.imercer.com/uploads/common/HTML/LandingPages/AnalyticalHub/june2019-mercer-2019-glo-bal-performance-management-survey-executive-summary.pdf. Zugegriffen: 1. Dez. 2019.

Nagel, Reinhart. 2007. *Lust auf Strategie – Workbook zur systemischen Strategieentwick-lung*, Stuttgart: Klett-Cotta.

Osterwalder, Alexander, und Yves Pigneur. 2010. *Business model generation – A handbook for visionaries, game changers, and challengers*. Hoboken: Wiley.

Rasmussen, Robert. 2008. When you build in the world, you build in your mind. In *Cor-porate creativity – Developing an innovative organization*, Hrsg. Lockwood Thomas, 27–38. New York: Allworth Press.

Rasmussen, Robert, und Per Kristiansen. 2014. *Building a better business using the lego serious play method*. Hoboken: Wiley.

Roos, Johan, Madeleine Roos, und Peter Bürgi. 2006. *Thinking from within*. Houndmills: Palgrave.

Ries, Eric. 2011. *The lean startup – How today's entrepreneurs use continuous innovation to create radically successful businesses*. London: Penguin.

Hahn, Kurt. 1930. Salemer Gesetze nach Kurt Hahn. www.kurt-hahn-stiftung.de/ueber-die-stiftung/kurt-hahn. Zugegriffen: 1. Dez. 2019.

Schneider, Franziska. 2018. FAST Goals – Warum FAST für deine Ziele besser ist als SMART. www.workpath.com/magazine/fast-goals-warum-fast-fur-deine-ziele-besser-ist-als-smart. Zugegriffen: 1. Dez. 2019.

Sinek, Simon. 2009. *Start with why – How great leaders inspire everyone to take action*. New York: Portfolio Penguin.

Sull, Donald; und Charles Sull. 2018. With goals, fast beats SMART. sloanreview.mit.edu/article/with-goals-fast-beats-smart. Zugegriffen: 1. Dez. 2019.

Wodtke, Christine. 2016. *Radical focus – Achieving your most important goals with objec-tives and key results*. Palo Alto: Cucina Media.

Womack, James, und Daniel Jones. 1990. *The machine that changed the world*. New York: Scribner.

Womack, James, und Daniel Jones. 1996. *Lean thinking – Banish waste and create wealth in your corporation*. London: Simon and Schuster.

Womack, James, und Daniel Jones. 2000. Principles of lean. www.lean.org/WhatsLean/Principles.cfm. Zugegriffen: 1. Dez. 2019.

Printed in the United States
By Bookmasters